HUAQIAO

GAODENG JIAOYU YANJIU 2021

华侨高等教育研究 2021

—— 第2辑 ——

陈颖 ◎ 主编

中国国际广播出版社

图书在版编目（CIP）数据

华侨高等教育研究. 2021. 第2辑 / 陈颖主编. —北京：中国国际广播出版社，2022.4
ISBN 978-7-5078-5111-3

Ⅰ. ①华… Ⅱ. ①陈… Ⅲ. ①华侨教育 – 高等教育 – 研究 – 中国 Ⅳ. ①G74

中国版本图书馆CIP数据核字（2022）第056040号

华侨高等教育研究. 2021. 第2辑

编　　者	陈　颖	
责任编辑	沈海霞	
校　　对	李美清	
装帧设计	文人雅士	

出版发行	中国国际广播出版社有限公司 ［010-89508207（传真）］
社　　址	北京市丰台区榴乡路88号石榴中心2号楼1701
	邮编：100079
印　　刷	廊坊市海涛印刷有限公司

开　　本	710×1000　1/16
字　　数	140千字
印　　张	10.5
版　　次	2022年4月　北京第一版
印　　次	2023年4月　第一次印刷
定　　价	55.00元

编　委　会

目　录

思政教育

教育教学研究

比较教育

文化建设

高校管理

Contents

工程力学教学融入课程思政实践研究

刘海涛 ①

摘　要： 在工程力学教学中融入课程思政是新时代背景下对高等学校教师的基本要求。分析了工程力学教学实践中课程思政方面的不足和融入课程思政元素的可能路径，积极探索案例教学、线上线下混合式教学、留白教学等教学方法，为进一步推进"课程思政"提供参考。

关键词： 课程思政；工程力学课程；教学实践

一、引言

2016年12月，习近平总书记在全国高校思想政治工作会议中提出：要坚持把立德树人作为中心环节，把思想政治工作贯穿教育教学全过程，使各类课程与思想政治理论课同向同行，形成协同效应[1]。2019年3月，习近平总书记在学校思想政治理论课教师座谈会上提出，挖掘其他课程和教学方

---

① 刘海涛（1975—　），女，湖南邵阳人，华侨大学土木工程学院讲师，工学硕士，主要从事力学课程教学研究。

式中蕴含的思想政治教育资源，实现全员全程全方位育人[2]。2020年6月，教育部印发《高等学校课程思政建设指导纲要》，把思想政治教育贯穿人才培养体系，全面推进高校课程思政建设，发挥好每门课程的育人作用，提高高校人才培养质量[3]。为了响应党和国家的号召，为"立德树人"的教育新格局做贡献，高校结合本校各专业实际和新一轮专业工程认证、新工科要求，积极探索专业培养计划课程结构改革和课程思政建设，推行课程思政教学改革，将立德树人作为一切教学活动的中心。

二、课程思政理念融入工程力学课程教学现状

工程力学课程是工科专业一门重要的必修课程，具有理论成熟、逻辑严密、内容丰富、灵活多变、难度大、不同的专业力学重点不同的特点，学生普遍感到抽象、难懂、枯燥，学习体验感、满足感比较差，习题难做，考关难过。教师在教学过程中以传授知识为重点，忽视了对工程力学课程育人功能的挖掘和利用、对学生人文素养的培养和对学生价值观的引领，使得课堂沉闷，导致学生没有领略到力学课程的独特魅力，阻碍了学生创造力的发挥和力学素养的养成。

当前在工程力学课程教学过程中，课程思政方面做得不足，主要表现在以下三个方面。

（一）教师方面

教师对课程思政的主观意识不强。高校中一直盛行"重智轻德、单向知识灌输"的教学理念，教师偏重育才，育人意识不强；再加上"重科研轻教学"的实践偏向，多数教师不愿意投入更多的精力去研究教学，没有精心梳理力学课程中蕴含的思政元素，对学生发现问题和解决问题的能力没有进行

针对性的培养，对学生创新性思维能力的训练不够，价值观的引领做得不够，将教学简化为标准化的脑力训练，固化为记忆、背诵等。

（二）教学计划方面

1. 随着教学体系改革的进行，各专业的教学计划也跟着相应地调整。力学课程的教学计划课时大量缩减，导致教学学时严重不足。为了满足后续课程和毕业的要求，教师在教学过程中忙于完成教学任务，没有足够的时间引导学生进行发散性、创造性思考，直接影响教学效果。

2. 课程教学大纲育人元素融入不足。制定教学大纲主要根据企业用人需求，围绕学生知识获取、能力培养、毕业要求等。课程教学大纲较少体现课程目标与培养专业人才的价值观及运用相关知识进行社会服务的职业操守与道德规范要求；对教师在教学实施过程中是否融入育人元素没有要求。

（三）教学资源和教学设计方面

1. 教学资源方面：由于课程思政理念出现的时间短，现行教材里没有涉及课程思政方面的内容，也没有课程思政需要的素材。在课堂教学过程中教师通常只对涉及力学与相关课程或者工程应用有关问题进行阐述，没有根据教学内容与社会主义核心价值观等育人元素、价值观引领方面的教育资源进行针对性的设计、建设。

2. 教学设计方面：课堂教学设计只简单地围绕传授课程知识进行，教学活动仅围绕学生对知识的理解来完成；教学方法老套，不能吸引学生的注意力，教学手段没有与时俱进，没有做到因势利导和因材施教；评价学生对课程的掌握程度手段单一，课程考核中没有涉及"课程思政"育人元素对学生成绩的贡献。

三、工程力学课程融入思政元素的路径

（一）梳理工程力学课程知识点中蕴含的思政元素

工程力学课程属于自然科学，看似与抽象的"课程思政"毫无关联，实际上自然科学的科学精神、创新意识等与"课程思政"的政治教育是同向同行的。日本教育家佐藤学曾说过：教师在课堂上要做的无非就是三件事，一是倾听，二是串联，三是反刍。所谓串联就是将学生原有的知识或者经验与新知识关联起来，将知识与社会生活、方法及规律、学科的思想和价值串联起来，形成一个知识体系，这个过程正是课程思政的植入点。

力学是工程的基础，在讲授力学知识过程中，选择中国的建筑或工程作为案例以增强学生的民族自豪感。在讲授构件强度和刚度章节时，选择中国古代木结构建筑作为案例，同时介绍宋代李诚编撰的《营造法式》中对于梁的设计要求，矩形梁截面高宽比为3∶2，与梁的强度最佳理论高宽比$\sqrt{2}∶1$和刚度最佳高宽比为$\sqrt{3}∶1$相比，更适合民间工匠记忆，便于推广，也比世界同类学说早，说明中国古代力学成就之高。

介绍中外科学家的事迹，激励学生勇于探索科学真理。在讲授图乘法求结构位移的时候，介绍图乘法是维热沙金（Vereshagin）于1925年提出的，他当时为莫斯科铁路运输学院的学生。激励学生在学习的过程中，利用各课程之间的关联知识，创造出新的解决问题的方法；让学生坚定知识就是生产力的信念，刻苦钻研，培养创新能力和创新意识。

把生活中各种力学现象和工程背景融入课堂教学中，使抽象难懂的力学概念简单易懂。在讲授虚功的概念时，为了说明力和位移没有因果关系，举例说明每天乘坐升降电梯时重力做功中位移和重力没有因果关系，学生很快就可以掌握这个概念[4]。在讲授牵连运动时，让学生领会"坐地日行八万里"中所蕴含的原理，并且能够应用这个概念来解释生活中的现象。把城

市自来水管爆管、楼宇坍塌、桥梁断裂、工厂爆炸等常见的工程事故中包含的力学原理分析清楚，哪些问题是关键问题弄明白，在以后的工作和生活中把需要注意的事项搞清楚。通过工程力学课程培养学生的责任担当、锻炼和培养学生的思辨能力，增强学生的自信心和战胜困难的勇气，有利于工匠精神、优秀的力学素养和安全风险意识的形成。

（二）转变教师思想观念，提升教师素质

教师是推动课程思政的主力。改变教师重智轻德、重教书轻育人、重科研轻教学的实践偏向和提升教师思想理论水平与教学能力是推行课程思政的关键，激励教师主动学习教学新方式和加强各专业教师之间的合作是推行课程思政的保障。教师作为学生思想和知识的首要传播者，必须有过硬的政治素养和专业素养，在做好"授业"的同时做到"传道"，教导学生在学会"做事"的同时学会"做人"，完成知识传授、能力培养与价值引领的教学任务。

（三）优化课程教学目标和教学内容

课程思政在强调立德树人的同时，不能忘记大学教育的本质是传授知识。实施"课程思政"是为了进一步发挥课堂教学的教育价值，把课程知识传授与学生个体成长、价值引领结合起来，将学生长远发展与国家和社会的发展结合起来。课程教学目标的制订既要满足学术的要求，也要满足德育和传播中华文化的要求，要能够从大的方向服务国家战略和区域经济发展，能够培养工程思维方法和解决复杂工程问题的能力，并关注科技发展，培养创新意识和创新能力，使学生树立正确的世界观、人生观、价值观。教学内容应根据各专业的具体情况和科学技术发展情况做相应的调整，做到各取所需，不同专业应该有不同的教学重点内容，不同的教学内容采用不同的教学

方法，加强课程内容与学生生活以及社会和科技发展的联系，关注学生的学习兴趣和经验，精选与后续课程和终身学习必备的基础知识和技能有关的教学内容。

（四）增补与课程思政有关的教学资源

随着各专业教学大纲的修改，工程力学课程的教学课时大量减少，导致课程内容和授课方式有了大幅度调整。工程力学课程的教材种类、版本很多，教师应该根据不同专业方向选择合适的教材。工程力学教材中提到的古今科学家、学者等大部分都是国外的，少有中国学者，教师在课程教学中，应适当增补中国科学家在工程力学发展中做出的贡献，增强民族自信心和自豪感。教师可以基于"专业群"模式编写校本教材，把中国工程力学的发展过程、中国学者的研究成果增加到课程教学材料中，开发出"课程思政"校本教材，突出教学内容的思政功能。

（五）以赛促学，鼓励学生参加各类力学竞赛

在力学课程方面有针对大学生的全国竞赛和省级竞赛。鼓励学生通过参加各类力学竞赛和结构设计大赛、"挑战杯"全国大学生系列竞赛，拓宽自己的知识面，挖掘自己的潜力，培养学习兴趣，提高自主学习能力、应变能力和协作能力。

四、工程力学课程思政教学设计

（一）利用优秀慕课资源，采用线上线下混合式教学方法，培养团队精神

课程思政着力探索和建构价值塑造、能力培养、知识传授"三位一体"

的人才培养模式，真正实现以学生为中心、以成果为导向的教学理念。遵循现在大学生的学习规律，将线上线下混合教学方法有机运用到教学实践中，积极探索有效的、有利的"课程思政"教学模式，利用强大的慕课网络资源，选择"自主学习＋小组学习"模式，小组成员相互帮助、激励、监督，培养团队意识和合作精神。对于课程难度较低的内容可分小组线上自主学习，在线上学习的过程中，每个学习小组把碰到的问题在小组讨论后，形成文件并发送给授课教师，教师在线下上课时先重点解析每个小组碰到的问题，让学生的思考有回应，提高学生认真思考的积极性，并作为平时成绩的依据之一。线上自主学习对自觉性强、学习意愿强烈，但接受能力差的学生帮助大，课后可以随时学习和复习。对于接受能力强的学生，通过线上自主学习能够完成教师布置的任务，课后有更多的时间和教师讨论重点和难点问题，真正做到差异化教学，不让任何有意愿学习的学生掉队。对境内生和境外生共同上课的课堂，在学习分组时，尽量做到境内生和境外生交叉分组。境外生毕业后是中华文化的传播者，境内生在某些方面可以帮助境外生更加深刻地理解中国文化和课程知识。在课堂教学中，教师改变传统教学方式，变"带着知识走向学生"为"带着学生走向知识"，加强对学生学习方法的指导，授之以"渔"。给学生留出发挥自主性、积极性和创造性的空间，提供学生在不同情境下建构知识、运用知识和表现自我的机会，锻炼学生的观察能力、操作能力、表达能力和解决问题的能力。

除在线下课堂中积极主动、润物无声地融入课程思政内容外，对于线上自主学习内容的课程思政融入方法为：通常在网络课件、视频中设置跟内容相关的工程实例视频，同时把央视优秀视频"大国重器"等推荐给学生，在拓宽学生视野的同时，强化学生工程伦理教育，培养学生精益求精的大国工匠精神，激发学生科技报国的家国情怀和使命担当。

（二）利用生活资源，采用案例教学法，培养遵纪守法的合格公民

在讲授力系的简化章节时，对单人划桨、双人划桨、多人划桨和船的运动进行分析，让学生认清力的本质；乒乓球球员在打乒乓球时，不同方向的力对乒乓球的作用效果和球的运动分析；进而解释在装修房子的时候，为什么不能在承重墙上开水平方向的沟槽，让学生认识到力学并不抽象难懂，力学就在身边，并时刻遵守规范。

（三）利用学生自主学习能力，积极探索"留白"教学方法，培养学生的创新思维能力

借鉴中国传统艺术表现的留白手法，在教学中积极探索"留白"教育方式。大学生有一定的思辨能力，教师的课堂教学可以适当"留白"，包括思维上的留白和选择上的留白，思维上的留白有助于培养学生的想象力，选择上的留白有助于培养学生独立思考的能力。恰当的留白可以发现不同学生的优点，鼓励学生进行思维碰撞，培养学生在探索中获得知识的能力。

五、融入课程思政的工程力学课程的教学监督、教学评价

（一）利用多渠道对学习效果进行检测、监督

课后作业是检查学生学习成果的最好手段，作业分线上网课作业和线下纸质作业，教师在批改作业的时候会发现学生的薄弱环节，可以有意识地重点培养学生解决问题、融会贯通的能力，提高其应用知识的能力。课后可以通过现代交流工具，如建立QQ群或微信群，进行在线辅导，及时解答学生提出的问题。通过多渠道对学生进行辅导，可以随时了解学生的学习动态。及时跟进学生的学习状态，并根据反馈信息及时调整教学方法和教学进度。

（二）优化教学评价体系

教学评价是教学过程中的重要环节，要建立促进学生全面发展的评价体系。评价不仅要关注学生的学业成绩，而且要发现和发展学生多方面的潜能，了解学生发展中的需求，帮助学生认识自我，建立自信。

建立促进课程不断发展的评价体系。周期性地对课程执行情况、课程实施中的问题进行分析评估，调整课程内容、改进教学管理，形成课程不断革新完善的机制。

建立全面评价学生学习效果的课程考核评价体系。基于课程思政的工程力学课程评价应采用多元化的考核方式，一是要激发学生学习的积极性，注重学习过程的成绩评价；二是根据课程思政在创新型专业人才培养中的地位、作用和任务的不同，采取灵活的考核方式。注重过程考核和结果考核密切结合，适当提高学生平时成绩的比重。把力学实验成绩、线上自主学习成绩按比例计入课程最终成绩。

六、结语

推动以"课程思政"为目标的课程改革，实现课程思想引领和知识传授相统一，实现课程知识内含的价值观与国家意识形态同频共振，是工程力学课程思政的着力点。随着课程思政的推广，我们将进一步完善课程思政体系，健全合理的考核评价体系，积极挖掘课程所蕴含的思政元素并使其融入课堂教学各环节，把课程思政与科学精神的培养结合起来，在提高学生正确认识问题、分析问题和解决问题能力的同时，注重科学思维方法训练和科学伦理教育，培养学生探索未知、追求真理、勇攀科学高峰的责任感和使命感，将价值观引领、知识传授和能力培养三者融为一体，帮助学生塑造正确的"三观"，让大学生明白"小胜靠智，大胜靠德"的道理，并自觉成长为德才兼备、全面发展的人才。

📚 **参考文献**

［1］中华人民共和国教育部. 习近平在全国高校思想政治工作会议上强调：把思想政治工作贯穿教育教学全过程开创我国高等教育事业发展新局面［DB/OL］. http://www.moe.gov.cn/jyb_xwfb/s6052/moe_838/201612/t20161208_291306.html, 新华社, 2016-12-08.

［2］中华人民共和国教育部. 习近平主持召开学校思想政治理论课教师座谈会强调 用新时代中国特色社会主义思想铸魂育人 贯彻党的教育方针落实立德树人根本任务［DB/OL］. http://www.moe.gov.cn/jyb_xwfb/s6052/moe_838/201903/t20190318_373973.html, 2019-3-18.

［3］中华人民共和国教育部. 教育部关于印发《高等学校课程思政建设指导纲要》的通知. 教高2020（3）号［DB/OL］. http://www.moe.gov.cn/srcsite/A08/s7056/202006/t20200603_462437.html, 2020-5-28 / 2020-6-1.

［4］刘海涛. 工程力学课程教学改革探索［J］. 华侨高等教育研究, 2017（2）：66-71.

华侨大学　土木工程学院

关于日语专业课程思政建设的思考

马绍华

摘　要：课程思政建设是新时代教育的重点要求。外语课堂思政就是要把价值观引领和外语知识的传授以及语言应用能力的培养有机地结合起来。日语教学是天然的课程思政课堂，所有日语专业课程都能够从教学资源中挖掘思政元素。日语教育工作者需更新观念，深刻领会课程思政教育的内涵和重要意义，勤于思考，善于发现身边的思政元素，将课程思政贯穿到整个教学活动中。

关键词：外语课程思政；日语课程思政；内涵；路径

一、引言

新时代，教育的根本问题是"培养什么人、怎样培养人、为谁培养人"。2016年12月，习近平总书记在全国高校思想政治工作会议上的讲话中强调，要坚持把立德树人作为中心环节，把思想政治工作贯穿教育教学全过程，实现全程育人、全方位育人，努力开创我国高等教育事业发展新局面。习近平总书记进一步指出，思想政治理论课要坚持在改进中加强，提升思想政治教育亲和力和针对性，满足学生成长发展需求和期待，其他各门课都要守好一段渠、做好责任田，使各类课程与思想政治理论课同向同行，形成协同效应[1]。

2018年9月，教育部颁布《教育部关于加快建设高水平本科教育全面提高人才培养能力的意见》，明确指出"把思想政治教育贯穿高水平本科教育全过程"，要"强化每一位教师的立德树人意识，在每一门课程中有机融入思想政治教育元素"[2]。2019年，《教育部关于深化本科教育教学改革全面提高人才培养质量的意见》第一条即要求把课程思政建设作为落实立德树人根本任务的关键环节，坚持知识传授与价值引领相统一、显性教育与隐性教育相统一，充分发掘各类课程和教学方式中蕴含的思想政治教育资源[3]。2020年6月，教育部印发了《高等学校课程思政建设指导纲要》（以下简称《纲要》），全面推进高校课程思政建设。《纲要》要求把立德树人根本任务落实到各个角落，要在全国所有高校、所有学科专业全面实施课程思政，在高校价值塑造、知识传授、能力培养"三位一体"的人才培养目标中，突出价值塑造的重要性[4]。

外语教学是我国高等教育教学的重要组成部分。中国外语教育人才培养的问题一直受到广泛关注，在新时代如何面对纷繁复杂的外国思想和西方主流媒体进行外语人才的培养，是迫在眉睫应该思考的问题。另一方面，外语学习中不可避免地会接触到与我们完全不同的价值观念和文化观念，如果外语教学不重视意识形态和价值观引领，没有意识到外国思想文化对学生产生的巨大影响，其后果是严重的。因此，外语课堂的思政建设尤为重要。我国高校外语教育以英语为主，然而根据不同外语种类的专业特点，英语课堂与非英语课堂的思政教育与专业课知识结合的方式一定是有所差异的。本文就日语专业课程思政建设问题，围绕外语课程思政内涵、日语课程思政建设路径、日语课程如何思政进行探讨与分析。

二、外语课程思政的内涵

要做好外语课堂的思政教育一定要先弄清楚什么是课程思政。据《中国教育报》2020年3月3日记载，课程思政是对高校落实立德树人根本任务，铸就教育之魂的理念创新和实践创新。从发展维度看，课程思政是对新时代教师教书育人职责的深化和拓展。课程思政要求课程门门有思政，教师人人讲育人。从理论维度看，课程思政是对教育理念的发展。课程思政具有形而上的属性，是指导各类课程与思想政治理论课同向同行，充分发挥其所承载的思想政治教育功能，形成"全课程育人"格局的一种教育理念。从实践维度看，开展课程思政建设，不是增开一门课或增设一项活动，更不是课程"去知识化"，而是要通过优化课程设置、修订专业教材、完善教学设计、加强教学管理等手段，挖掘各门课程所蕴含的思想政治教育元素，并融入课堂教学各环节，实现思想政治教育与知识体系教育的有机统一[5]。由此我们可以看出，课程思政的"思政"主要指育人元素，并不是我们平时讲的思政，因此不可将课程思政中的思政狭义化。另外，课程思政是方法不是加法，不是专业课加上思政课的内容。此外，我们要在保证专业教学水准的前提下，自然而然地融入课程思政，而不是生搬硬套，割裂曲解。高德毅、宗爱东（2017）指出，课程思政的实质不是增开一门课，也不是增设一项活动，而是将高校思想政治教育融入课程教学和改革的各环节、各方面，实现立德树人润物无声[6]。可见，课程思政既是教育理念，又是教学方法。切不可将课程思政中的思政狭义化，要注重课程思政与专业课结合的方式方法。

外语课程思政与其他专业课程思政既有相同之处，同时又具备其特殊性。这是因为在外语教学过程中不可避免地会遭受西方文化思想价值的冲击。语言是文化的载体，外语的背后承载的是与我们不相同的价值观念和文化理念。如果外语教学不重视意识形态的价值观引领的问题，不注意外语教学内容中的外国思想文化对学生的巨大影响，就无法圆满地回答"培养什么人、怎样培养人、为谁培养人"的问题。因此，外语课堂思政具有特别重要的意义。另外，事实上外语课程思政对于外语教育工作者来说并不陌生，这样说是因为全国外国语大学以及外语专业的成立本身就具备着红色基因和血脉。周恩来总理在20世纪50年代参加万隆会议、60年代初出访亚非欧国家之后，国家在战略部署下，建立起一批外国语类大学。至此各大院校外语专业得以兴办，其目的就是在当时国际关系非常复杂的情况下，应急培养外事外交人才。从这层意义上来说，外语专业从创办之初就担负了为党育人、为国育人的使命。早在课程思政的概念被提出以前，外语教育工作者就一直坚持着在外语课堂中对学生进行正确的价值观引领。正确的价值观引领和思政教育本来就是外语教育的底色。

三、日语课程思政建设路径

日语课程思政建设的有效路径就是要把课程思政的理念贯穿于教育教学的各个环节，即课程设置、培养目标、教学方法、教材选用、教学评估等，从而实现全程育人、全方面育人。下面就各个环节的思政改革，进行简单粗浅地说明。

1. 课程设置要以课程思政和日语专业知识学习为双主线目标，以此来进行日语课程群的设置。只有课程设置合理，才能推进日语专业课程思政建设的顺利开展。在此过程中，加强对日语课堂思政建设重点、难点等问题的探讨，进而达成共识，形成以课程思政贯穿始终的日语专业课程群。

2. 培养目标就是对现阶段没有体现"各类课程必须要与思想政治理论课同向同行"的日语人才培养目标进行修订，对现有的培养方案进行完善。不仅要注重日语专业知识与能力的培养，更要牢记"为谁培养人"的使命，注重日语专业学生的正确价值观和意识形态的培养。

3. 教学方法就是将以往的全面授课转变为育人，将外语教学转变为外语教育。将日语专业课知识的传授与思政融为一体，切实达到春雨润物细无声的效果。

4. 教材是教师开展教学活动的具体依据，因此教材的选用及编写与课程思政有着密切的关系。选用及编写合适的教材对于有效开展课程思政来说可谓锦上添花。在日语课堂上选择思想健康、语言规范、形式多样的语言教材作为授课材料，同时选择适合课程思政的读物作为辅助教材，培养学生的批判性思维、爱国情怀和文化自信等品质。

5. 教学评估是对教学效果进行检查的直接手段，也是对课程思政效果进行评价的直接标准。建立合理并行之有效的教学评估体系可以很好地促进日语课程思政的建设。在这个过程中，既要看教师是否充分利用了教学内容中的显性思政资源，又要看教师是否挖掘、提炼、归纳了隐性的思政元素。

四、日语专业课如何落实课程思政

上面我们分析了日语课程思政建设的路径，那么，日语专业课该如何具体落实课程思政，是日语教育工作者需要认真思考的问题。自教育部提出课程思政的要求以来，已涌现出一批关于日语课程思政教学改革的探讨。如，陈蓓（2018）[7]、管洁（2019）[8]对"基础日语"进行了课程思政理念下的教学设计探讨，杜云（2019）[9]、陈丹（2019）[10]、孙颖（2020）[11]对"高级日语"进行了课程思政视域下的教学方案和教学改革的探讨，熊燕（2020）[12]、葛燕，吕晋（2020）[13]对"日语精读"进行了课程思政教学模式的探讨。可以看出，这些日语课程思政的分析主要围绕基础日语等核心课程展开。《纲要》的指导精神是将课程思政落实到所有学科专业课程中。那么，除上述核心课程外，日语文学课、日语翻译课、日语会话课、日本社会课等课程该如何与课程思政结合，下面就这一问题进行抛砖引玉式的思考，希望对日语教育工作者及教学团队更加深入、全面地开展课程思政实践与研究工作提供有益启示。

日语教学是天然的课程思政课堂，没有比日语教学更贴合思政教育的外语教学。这是因为无论日语语言、日本文学，还是日本社会从古至今都受到中国语言文化的深远影响。在日语教学的过程中，不断挖掘日语专业知识背后的中国文化思想元素，就能够形成天然的思政教育。

日本文学课的课程思政，以古代文学为例，众所周知日本古代文学离不开中国古典文学的影子，没有中国古典文学日本古代文学就无从谈起。不仅文字上借用中国汉字，内容上同样受中国古代儒家思想的影响。在向学生讲授古代日本文学时，其背后的中国文学、中国思想是很好的思政素材。不仅古代文学如此，日本的近代文学同样受到中国古典文学的影响，代表作家夏目漱石、森鸥外等都具有很高的汉文素养。在此方面深入挖掘思政素材，将其自然地融入文学课专业知识中，就能够做到思政教育与专业知识学习的一体化，增强学生对民族文化的自信心和自豪感。

日语翻译课的课程思政，最关键的办法就是翻译素材的选择。教师在选择翻译教学或训练的素材时，可以使用带有天然思政性质的素材作为辅助教材。例如，《人民中国（日文版）》是由人民中国杂志社出版发行的日文版杂志，主要介绍中国的经济、社会、科学、教育、文化、旅游等相关信息，是天然的思政教育的素材。既能对日语专业技能进行训练，又在潜移默化之中达到了思政目的。我们要善于从身边的教学资源中挖掘这些显性的思政素材，将教学与思政有机地结合在一起，做到专业课知识的讲授与思政教育相辅相成，同向而行，而不是生搬硬套，割裂曲解。

　　日语会话课该如何落实课程思政，也许是困扰任课教师的难题，其实不然。日语会话课的思政教育要从隐性的思政元素入手，要求教师勤于思考，从教学资源中挖掘、提炼、归纳出思政内容。例如，日语会话的问候语中，有这样一组会话。从外面回到家中需要对家人说"ただいま（我回来了）"，而家人则对其说"お帰り（你回来了）"。这一组简单的日语会话背后同样蕴藏着中国文化的影子。《弟子规》中有这样一句，"将入门，问孰存；将上堂，声必扬"。意思是"将要入门之前先问屋内是否有人，不要冒失闯入。将要走进厅堂时，先提高声音，要让厅堂里的人知道"。日语中很多会话习惯来自中国古典文化，形成了自己独特的表达方式。我们在日语会话课的教学中，要善于挖掘这些潜在的思政元素。

　　日本社会的课程思政，亦是如此。例如，日本的"名刺（名片）"文化亦是来源于古代中国。甚至连"名刺"这个单词本身也是直接引用了中国古代的说法。中国古代"名刺"是在细长条的木牍上写上自己的姓名、籍贯、爵位等内容，在重大场合互相投递，以便结交、问候之用。日本将中国古代的"名刺"文化学去之后，大力发展，广泛推行，"名刺"已经成为当今日本社会的一个文化符号。这仅仅是日本社会文化中的一部分，其他诸如传统节日等都深受中国文化的影响。因此，我们在介绍日本社会时，可以有机地和中国文化的影响结合起来，促进学生的爱国情怀和民族自信，达到思政的效果。

　　关于如何实施日语专业的课程思政，我们以日本文学课、日语翻译课、日语会话课、日本社会课为例，进行了粗浅的探索与分析。要想做到门门有思政、课课有思政，还需要全国日语教师及教学团队更加深入、全面地开展课程思政实践与研究工作。主要把握好两点：一是切不可将思政内容片面化、狭义化；二是要学会利用和挖掘教学资源中的显性及隐性思政元素。

五、结语

课程思政是一项必须要长期坚持的工作。做好日语专业的课程思政建设，还需要每一位日语教育工作者进行仔细认真的思考。目前我们需要做好以下几点：（一）正确认识世界和中国发展的趋势，正确认识中国特色和国际社会，正确认识时代责任和历史使命；（二）深刻领会课程思政的内涵，不要将课程思政中的思政狭义化；（三）抓好切入点，课程思政是方法不是加法，思政内容应与专业课程内容交织交融，相辅相成，相向而行，实现教书和育人的相互促进；（四）勤于思考，善于利用和挖掘、提炼、归纳教学资源中蕴含的显性和隐性的思政元素。

参考文献

［1］习近平. 在全国高校思想政治工作会议上的讲话［OL］. http：//www. xinhuanet.com//politics/2016-12/08/c_1120082577.htm.（访问时间：2021-07-15）.

［2］中华人民共和国教育部. 教育部关于加快建设高水平本科教育全面提高人才培养能力的意见［OL］. http：//www.moe.gov.cn/srcsite/A08/s7056/201810/t20181017_351887.html.（访问时间：2021-07-15）.

［3］中华人民共和国教育部. 教育部关于深化本科教育教学改革全面提高人才培养质量的意见［OL］. http：//www.moe.gov.cn/srcsite/A08/s7056/201910/t20191011_402759.html.（访问时间：2021-07-15）.

［4］中华人民共和国教育部. 教育部关于印发《高等学校课程思政建设指导纲要》的通知［OL］. http：//www.moe.gov.cn/srcsite/A08/s7056/202006/t20200603_462437.html.（访问时间：2021-07-15）

［5］中国教育报. 课程思政"三问"［OL］. http：//www.jyb.cn/rmtzgjyb/

202003/t20200303_302387.html.［2020-03-03］（访问时间：2021-07-15）.

［6］高德毅，宗爱东. 从思政课程到课程思政：从战略高度构建高校思想政治教育课程体系［J］. 中国高等教育，2017（1）：43-46.

［7］陈蓓. 论"课程思政"理念下的《基础日语》教学设计［J］. 现代商贸工业，2018（34）：156-157.

［8］管洁. 论"课程思政"视域下的《基础日语》课程教学设计［J］. 教育教学论坛，2019（52）：46-47.

［9］杜云. 日语专业"高级日语"课程思政教学改革研究［J］. 科教文汇（中旬刊），2019（11）：176-177.

［10］陈丹. 日语专业课程中思政元素的导入［J］. 文学教育（下），2019（11）：152-153.

［11］孙颖. 基于"课程思政"理念的高级日语课程教学设计探析［J］. 文化创新比较研究，2020（3）：143-147.

［12］熊燕. 融入思政教育的日语"SPOC+网络直播"教学模式研究——以《日语精读（四）》课程为例［J］. 浙江工商职业技术学院学报，2020（2）：80-84.

［13］葛燕，吕晋. "一带一路"背景下高职日语教学中文化自信的构建——以《日语精读》课程为例［J］.文化创新比较研究，2020（26）：190-192.

华侨大学　外国语学院

回到文化原点：课程思政视野下的
"中国诗学"教学[①]

王晓玉 [②]

摘　要： "课程思政"视野下的"中国诗学"教学，一是将从知识的层面引导学生探究中国古代诗学的美学特征，二是将从价值的层面带领学生关注古代士大夫的精神世界，感悟他们的生存智慧，启迪学生树立正确的人生观、价值观。具体而言，通过梳理学科发展的历史进程及其背后的文化逻辑，为本课程与"课程思政"理念同向而行提供实践的可能；通过揭示中国诗学思想的深层意识结构，引导学生树立深厚的家国情怀，塑造学生的高尚品行与健全人格，培养学生的生态文明意识。

关键词： 课程思政；爱国情怀；高尚品行；健全人格；生态文明意识

①　基金项目：北京第二外国语学院课程思政一般项目，"课程思政与'中国诗学'课程教学"（项目编号：11171083）阶段性研究成果。

②　王晓玉（1989—　　），女，北京平谷人，北京第二外国语学院，副教授，研究方向为中国文化与诗学。

"中国诗学"课程隶属于一级学科中国语言文学，先后被命名为"中国古代文学批评史""中国古代文论史""中国古代文学理论批评史"等。关于中国语言文学学科的"课程思政"价值学界已有探讨，但仍有大量的潜在资源有待阐发①，"中国诗学"的"课程思政"价值也仍有极大的阐释空间。

"中国诗学"课程授课内容既包括诗、文等各类古代文体的创作技巧与创作规律，也蕴含着中华传统哲学智慧的诸多诗学观念。这些诗学观念产生于不同的政治文化空间之下，是中国古代士大夫基于个体的生存境遇、知识结构而提出的极具哲学趣味、个性体验与美学意蕴的诗学观念。探究诗学观念背后的文化逻辑与深层意识结构，即古人的精神世界与哲学世界，恰恰为学生反观、修正自身的精神世界，塑造正确的世界观、人生观提供了契机，也正是在此层面上"课程思政"观念与"中国诗学"课程的融汇才得以实现。

一、"课程思政"之理论背景与实践

"课程思政"的提出经历了较长的发展过程，最早可追溯至上海教育系统的德育探索。自2005年上海市出台《上海市学生民族精神教育指导纲

① 中国语言文学学科领域已经展开诸多基于"课程思政"理念的实践探索。如程骏骥《课程思政：中国古文学助益高校理工课的思考》、杨蕾《对"大学语文"进行"课程思政"改革的探索》、李艳华《大学语文教学践行课程思政新理念的思考》、岑泽丽《"课程思政"视域下大学语文教学中德育教育探析》、王颖《大学语文课程思政实践探索——以〈诗经〉教学为例》、厉梅《大众传媒语境中的"课程思政"与"文艺载道"论》、王英洁《课程思政背景下中国现代文学课程教学改革与实践》等文章，探讨了中国语言文学学科在"课程思政"与"专业课"融合过程中的优势，并基于具体课程挖掘了相关潜在资源。

要》《上海市中小学生生命教育指导纲要》开始，"德育"便成为上海教育系统的重要探索方向，2014年上海市印发的《上海市教育综合改革方案（2014—2020年）》正式将"德育"纳入教育综合改革的重要项目。立足于近十年的"德育"探索经验，"课程思政"理念应运而生，所谓"课程思政"即以"育人为本、德育为先"为教育目标，要求充分发掘各类课程的思想政治教育资源，将思想政治教育贯穿于学校教育教学的全过程，以实现各专业课程的育人功能。基于这一理念，上海高校率先展开试点，就试点成效来看，上海大学2014年推出了"大国方略"系列课程，逐步实现了高等教育从"思政课程"到"课程思政"的转变。

2016年，习近平总书记在全国高校思想政治工作座谈会上的讲话从国家教育发展的战略高度出发，明确了"课程思政"的必要性，讲话指出："高校思想政治工作关系高校培养什么样的人、如何培养人以及为谁培养人这个根本问题。要坚持把立德树人作为中心环节，把思想政治工作贯穿教育教学全过程，实现全程育人、全方位育人，努力开创我国高等教育事业发展新局面""要用好课堂教学这个主渠道""使各类课程与思想政治理论课同向同行，形成协同效应。"[1]2017年2月中共中央、国务院印发《关于加强和改进新形势下高校思想政治工作的意见》，提出要"充分挖掘和运用各学科蕴含的思想政治教育资源""坚持全员全过程全方位育人，把思想价值引领贯穿教育教学全过程和各环节。"[2]至此，探讨和尝试各学科课程的"课程思政"也就成为全国高等教育院校的重要发展方向。在讨论"课程思政"与"中国诗学"课程如何形成协同效应之前，还有两个层面的问题需厘清。

首先，在理论层面上，探讨"课程思政"的理论内涵与内在逻辑问题。就理论内涵而言，习近平总书记在全国高校思想政治工作会议上强调指出"思想政治工作从根本上说是做人的工作，必须围绕学生、关照学生、服务学生，不断提高学生思想水平、政治觉悟、道德品质、文化素养，让学生成为德才兼备、全面发展的人才""要用好课堂教学这个主渠道，思想政治理论课要坚持在改进中加强，提升思想政治教育亲和力和针对性，满足学生成长发展需求和期待，其他各门课都要守好一段渠、种好责任田，使各类课程与思想政治理论课同向同行，形成协同效应"，引导学生"正确认识时代责任和历史使命，用中国梦激扬青春梦，为学生点亮理想的灯、照亮前行的路，激励学生自觉把个人的理想追求融入国家和民族的事业中，勇做走在时代前列的奋进者、开拓者；正确认识远大抱负和脚踏实地，珍惜韶华、脚踏实地，把远大抱负落实到实际行动中，让勤奋学习成为青春飞扬的动力，让增长本领成为青春搏击的能量"[3]。由此可见，"各类课程与思想政治理论课同向同行"是课程思政的教学方向，立德树人是"各类课程与思想政治理论课同向同行"的教育理念与核心目标，即提高学生的思想政治意识、道德品质和文化素养，引导学生培育理性平和的健康心态和高度的社会责任感。就内在逻辑而言，"课程思政"理念以课程系统性与协同性的耦合、课程理性价值和工具价值的统一、课程科学教育与人文教育的融通为理论基础。所谓"系统性与协同性的耦合"，一是要形成思想政治教育的合力机制，二是要同向整合思想政治教育的基本要素。所谓"理性价值和工具价值的统一"，即突破传统知识的分裂性和非此即彼的思维框架，传授有温度、有厚度的知识，挖掘知识的育人功能。所谓"科学教育与人文教育的融通"，即在自然科学与社会科学之间搭建沟通的桥梁，实现真善美的统一[4]。

其次，在实践层面上，我们可从以下两方面探索以实现"课程思政"的教育目标。一方面发掘高校各类课程的"课程思政"之潜在资源，包括思想政治理论课、综合素养课程、专业课程各层级课堂在内[5]。如刘淑芹《高等数学中的课程思政案例》、刘晓阳《大学英语"课程思政"的实施路径研究》、李强华《高校专业课程思政的教学改革探讨——以"公共伦理学"课程为例》、常益、张姝《健体育魂：大学体育课程的思政教育转向研究》等，尝试在数学、英语、公共伦理学、体育等不同教学领域进行实践探索，以期将思政教育寓于专业教学之中，从而以润物无声的方式实现立德树人的教育目标。另一方面，对当前的教学模式进行调整，如上海交通大学引入一个多元组合教学团队走进思政课堂，"大班教学、小班讨论、社会实践、网络教学"四个环节的多课堂教学模式[6]，还包括引入互联网模式进行"课程思政"构建[7]等，利用现代技术、现代教育模式融汇"课程思政"理念。以上探索为"中国诗学"课程的"课程思政"化提供了诸多可供借鉴的经验。

二、"课程思政"融入"中国诗学"之可能

基于以上理论探索与实践经验，"中国诗学"课程无疑具有丰富的教学资源，足以与"思想政治理论课同向同行"，体现在如下方面。

首先，通过梳理"中国诗学"学科建立的历史，带领学生发掘学科发展背后蕴含的忧患意识与科学研究态度，以"激励学生自觉把个人的理想追求融入国家和民族的事业"之中。

从学科发展的历史脉络看，"中国诗学"课程的基本框架在20世纪完成了从草创到成熟的发展历程。20世纪20年代，陈钟凡先生的《中国文学批评史》出版，标志着现代意义上的中国文学批评史学科或曰中国诗学学科正式确立。此后，学科研究的第一次高潮出现于20世纪30—40年代，郭绍虞、罗根泽、方孝岳、朱东润等人先后出版了相关著作，拓展了学科研究的框架。随后20世纪50—60年代进入平稳发展时期，20世纪70年代末以后进入成熟发展时期，这一时期复旦大学中文系古典文学教研室编撰的《中国文

学批评史》，敏泽的《中国文学理论批评史》，张少康、刘三富的《中国文学理论批评发展史》、罗宗强的相关研究等，区分了不同历史时期中国诗学发展的基本特点，介绍了重要的诗学观念，为中国诗学研究的多元发展奠定了坚实的基础。

从学科发展的文化背景看，中国诗学学科的建立以中西文化的碰撞交流为背景，自学科发展之初就饱含着前辈学者深刻的问题意识、客观科学的研究态度与奋发向上的民族精神。近代以来，西方学术体系的引进刺激了各学科的发展，中国诗学学科的出现同样受到了西方文学观念的影响。正如朱自清先生所言"中国文学批评史的出现，却得等到五四运动以后，人们确求种种新意念新评价的时候""这也许因为我们正在开始一个新的批评时代，一个重新估定一切价值的时代，要重新估定一切价值，就得认识传统里的种种价值，以及种种评价的标准；于是乎研究中国文学的人有些就将兴趣与精力放在文学批评史上。再说我们对现代中国文学所用的评价标准，起初虽然是普遍的——其实是借用西方的——后来就渐渐参用本国的传统。"[8]杨鸿烈在《中国诗学大纲》一书中也谈到其研究方法："我这本书是把中国各时代所有论诗的文章，用严密的科学方法归纳排比起来，并援引欧美诗学家研究所得的一般诗学原理来解决中国诗里的许多困难问题，如诗的起源的时代、分类和功用等项。"[9]陈钟凡的《中国文学批评史》同样秉持着"以远西学说，持较诸夏"[10]的撰写原则。

上述论述说明，中国诗学学科确立背后的两种问题意识：一是学习西方科学的研究方法，以重新审视中国固有的文化传统；二是文化自信的确立，即在学习西学的同时，并不舍弃中学，以西学之方法确立一个新的价值重估标准，确立自身传统的价值以与西方文学传统相区别。五四时期正值中西文化发生巨大碰撞之时，西方现代文学的观念与研究方法令近代学人耳目一新的同时，也激发他们以西方诗学为参照系，重新审视传统，在与不同文化的比较中，确立中国特有的诗学体系，并进一步解决中国诗学领域的相关问题。回归当下，"课程思政"理念也为我们反思课程教学、调整教学思路、重建课程目标提供新的机遇。通过梳理学科史，既为学生展现学术发展的历史进程，也呈现了在中西文化碰撞过程中，前辈学者如何以包容客观的态度学习外来文化，如何始终保持自信姿态重新阐释传统，凸显自身文化的特色，无疑为身处全球化浪潮中的学生树立了正确的文化态度和奋发向上的民族精神。

其次，"中国诗学"课程的授课内容与中国古代士大夫的家国情怀、立德树人的精神追求与价值理想密切相关，在丰富学生知识的同时，能够起到加强人文关怀和心理疏导的作用。

诗学观念的形成与时代发展、文学自身规律的转变息息相关，同时也得益于中国古代士大夫的人生理想与价值观的形塑，涵濡着中华民族的根本精神与思维方式。正如李春青所言，"中国古代文论话语体系与中国古代文人士大夫的精神特征密切相关"，是古人"道德、政教、人格理想、玄妙之思以及活泼泼的感受、体验"[11]交织而成的复杂话语系统。这意味着研究学习中国诗学，不可避免地需要了解古人的精神世界与哲学世界，这一学习探究的过程也正是学生深入认识自己的精神世界，重塑正确的世界观、人生观的过程，在此层面上"中国诗学"课程的学习过程本身就含有"思政"的意味。换言之，古代诗学观念的多层次价值系统，正是古人的"思政"意识与文学形式有机结合的典范，这是当下倡导的"课程思政"观念与"中国诗学"课程融汇的契机所在。故而，构建新的育人格局之于"中国诗学"课程而言，就是将之视为意义系统，而非单纯的知识系统，要揭示诗学观念与古人的生存处境、文化心态和道德修养之关系，特别是那些符合当下文化价值观的部分，使之进入当下话语系统，为培育学生的正确价值观而服务。如此"中国诗学"课程的使命，就不仅在于在马克思唯物主义的指导下，在现代学术方法的影响下进行教学研究，还在于在"课程思政"理念的指导下发挥传统文化的价值，引导学生浸润于中华优秀传统文化中，育心铸才。

三、"课程思政"融入"中国诗学"之内涵

具体而言，"中国诗学"课程从以下几个方面体现古人的精神世界与思维方式，为育心铸才提供引导。

（一）发掘诗学思想中的家国情怀

诗歌具有社会教化作用，这是儒家的基本诗学思想，也是中国诗学史上的重要观念。朱自清曾言，"我们有三个重要的，也可说是基本的观念：'诗言志''比兴''温柔敦厚'的'诗教'。后世论诗，都以这三者为金科玉律。"[12]这些诗学观念之所以产生深远的影响并受到长久的重视，实则根植于诗学观背后的家国情怀。

以"诗言志"为例，"诗言志"是中国诗学"开山的纲领"，强调了诗歌表达诗人之"志"的功能。但"志"的内涵需要加以辨别，因为在先秦时期，此"志"并非个体的情志与体验，而是诗人对政治抱负的抒发。当时的政治活动中，公卿列士常引诗传递个体的政治态度，被称为"献诗言志""赋诗言志"。孔子认为诗可以兴、可以观、可以群、可以怨，讲的也是士人通过诗歌修身、观政、交游、谈论国家大事的情形。可以说，中国诗歌在产生之初，主要承载的并非审美功能，而是政治与教化功能。通过"诗言志"观念的学习，呈现了先秦儒家的"外王"意识、诗教理念，同时展示了诗人对于社会、国家发展的关心，体现了中国诗人的忧患意识与爱国情怀。这一特征的揭示，既是知识传递的过程，也是梳理古人家国情怀，树立学生家国情怀的过程。

（二）揭示诗学思想与古人修身的内在关系

大学阶段是学生人格逐步定型的阶段，加强人文关怀和心理疏导是课程思政的目标之一，亦是古人曾经思考的重要话题。道家的"虚静""心斋"等观念，既为古人思考创作过程、理解创作心境提供了理论资源，又是古代士大夫安身立命、调节身心的重要方法。讲授这些诗学观念可为那些在情绪方面遭遇困境的学生提供一个思路，帮助他们克服在大学校园中可能面临的情绪低落、情绪波动等问题。以"虚静"为例，此观念引入到诗学有如下表述，陆机的《文赋》言："伫中区以玄览"，刘勰的《文心雕龙·神思》言："寂然凝虑，思接千载""神居胸臆，而志气统其关键""陶钧文思，贵在虚静，疏瀹五藏，藻雪精神"，这是说个体的心境对艺术构思与文学创作有着重要意义，作者应排除外界纷繁的干扰，超越功利进入与道融通的境界后，方可专注于心物关系的互动，进入文学构思的世界。无论是道家的"虚静"体道境界，还是审美层面的"虚静"创作状态，都将使人进入自我精神的调试状态，达到内心的平和。"虚静"的现实意义正在于，让学生在物欲横流、信息迅速更新的时代，学会以"虚静"的方式调节安抚情绪，洞悉问题的本质，理智地面对、冷静地思考以解决现实世界的诸多问题。

（三）凸显生态审美教育

所谓生态审美教育，是以艺术作为手段，培养青年一代"学会以审美的态度对待自然、关爱生命、保护地球诗学思想中的人与自然"[13]，避免因破坏自然环境而导致人类生存危机。生态审美教育可利用的理论资源不仅包括马克思唯物主义理论和西方现象学的方法，还包括中国传统文化的智慧。蒙培元曾指出中国哲学自身就是"深层次的生态哲学"[14]，特别是统摄中国哲学的"天人合一"观念与生态文明建设的原则是相互融通的。在不同的国事外交场合，习近平同志多次提到生态文明建设和"天人合一"的独特价值。如2013年习近平同志在致《生态文明贵阳国际论坛》的贺信中指出，走向生态文明新时代，建设美丽中国，是实现中华民族伟大复兴的中国梦的重要内容。[15]党的十八大以来，生态文明建设成为祖国发展的重要愿景之一。2017年1月18日，在联合国日内瓦总部习近平总书记发表了题为《共同构建人类命运共同体》的主旨演讲，指出"工业化创造了前所未有的物质财富，也产生了难以弥补的生态创伤。我们不能吃祖宗饭、断子孙路，用破坏性方式搞发展。绿水青山就是金山银山。我们应该遵循天人合一、道法自然的理念，寻求永恒发展之路"。[16]

"天人合一"的观念也浸润于文艺领域表现，在古代诗人眼中主体与自然有着密切的联系，一方面自然景物常被用来象征某种道德伦理，诗人通过描绘自然景物的美感与气韵，彰显自我的情感与高尚道德品行；另一方面，日月星辰、鸟兽虫鱼花草等天地万物生机盎然，是天道变化的呈现，故而诗人也通过书写自然万物来体悟天道变化。在"天人合一"观念的影响下，诗学领域产生了"自然""平淡""出水芙蓉"等美学追求，要求在艺术表现上自然天成，反对雕饰之美，这与儒、道二家重视融通人与自然的和谐发展这一生命境界息息相关。在向学生介绍古人追求的"直寻"而非苦吟雕饰的文学创作观，"自然成文"而非造语新奇的文学风格时，我们将进一步将研究视野转向诗学观念背后的哲学思想，探究中国传统美学观念背后的思维方式，传承古人与天地自然和谐相处而非无限制地破坏自然的生态文明智慧，以期引导学生树立正确的生态文明发展观。

可以说，中国诗学的研究对象并不局限于文学创作本身，而是深入古人的宇宙观、治政理念、文化心态乃至生命境界，显示出中华民族独具特色的精神品格。故而，"中国诗学"课程的教学目标，不仅在于挖掘审美价值，更在于勾勒古代士大夫的精神世界，把握其生存智慧，以启迪学生树立正确的人生观、价值观。

参考文献

［1］［3］习近平在全国高校思想政治工作会议上强调：把思想政治工作贯穿教育教学全过程　开创我国高等教育事业发展新局面［N］．人民日报，2016-12-09（001）．

［2］中共中央　国务院．关于加强和改进新形势下高校思想政治工作的意见［R］．2017．

［4］何红娟．"思政课程"到"课程思政"发展的内在逻辑及建构策略［J］．思想政治教育研究，2017，33（5）：60-64．

［5］杨涵．从"思政课程"到"课程思政"——论上海高校思想政治理论课改革的切入点［J］．扬州大学学报（高教研究版），2018，22（2）：98-104．

［6］高德毅，宗爱东．从思政课程到课程思政：从战略高度构建高校思想政治教育课程体系［J］．中国高等教育，2017（1）：43-46．

［7］刘淑慧．"互联网+课程思政"模式建构的理论研究［J］．中国高等教育，2017（Z3）：15-17．

［8］朱自清．诗文评的发展∥朱自清古典文学论文集［C］．上海：上海古籍出版社，1981：543．

［9］杨鸿烈．中国诗学大纲·自序［M］．北京：商务印书馆，1928：1-3．

［10］陈钟凡．中国文学批评史［M］．北京：中华书局，1927：5．

［11］李春青．20世纪中国古代文论研究史［M］．济南：山东教育出版社，2008：3-6．

［12］朱自清. 诗言志辨［M］. 上海：华东师范大学出版社，1996：49.

［13］曾繁仁. 试论生态审美教育［J］. 中国地质大学学报（社会科学版），2011，11（4）：11-18.

［14］蒙培元. 为什么说中国哲学是深层生态学［J］. 新视界，2002（6）：42-46.

［15］习近平. 致生态文明贵阳国际论坛2013年年会的贺信［N］. 光明日报，2013-07-21（001）.

［16］习近平. 共同构建人类命运共同体——在联合国日内瓦总部的演讲［J］. 《求是》杂志，2021（1）.

北京第二外国语学院　文化与传播学院

渐进式任务驱动法的教学实践探究①
——以商务英语课堂模拟交易会为例

叶卜源　陈恒汉②

摘　要： 任务驱动法以提高学生自主探索和互动协作能力为目标，在商务英语课堂中应用较广，但如果学生英语基础较为薄弱、主动学习意识不强，课堂教学效果并不理想。基于建构主义理论，可先分拆学生的学习路径为认知（cognize）—体验（experience）—复盘（retrospect）—内化（internalize），再针对性地设计每一阶段的教学任务，通过渐进式任务驱动法，环环相扣、因势利导激活学生思维，促进学生的学习积极性与团队沟通合作能力，从而强化教学效果，提升教学质量。

关键词： 任务驱动法；商务英语；教学实践；模拟交易会

①　基金项目：教育部产学合作协同育人项目"翻译案例教学与职业能力培养研究"（项目编号：202101199061）；华侨大学 2019 年面向港澳台侨学生授课课程升级改造建设项目成果。

②　叶卜源（1987—　），女，广东湛江人，华侨大学外国语学院 19 级 MTI 研究生，广东省外语艺术职业学院助教，主要从事商务翻译研究。陈恒汉（1971—　），男，福建惠安人，华侨大学外国语学院副教授，硕士生导师，主要从事商务英语与翻译案例的教学研究。

一、引言

商务英语课程以现代商务活动为素材，核心单元以商务话题和语言技能为线索，进行听力、阅读、写作和口语等四大部分的系统教学，使学生熟悉并掌握商务英语活动中的函电、公文阅读与写作以及商务活动所需的交际英语会话等技能，在实践中能运用英语开展国际经济与技术合作及交流工作。

任务驱动法是以学生为中心的教学方法，利用任务驱动法创设商务情境，学生在完成任务的过程中进行探究式学习，在实践中不断提高听、说、读、写各方面的技能水平。因此，任务驱动法在商务英语口语课堂中得到广泛应用。商务英语课程要求学生掌握常用商务英语词汇及句型并能熟练运用，独立用英语进行口头工作交流，熟悉基本商务技能和各种商务活动场景。各种类型的模拟工作场景在课程活动中扮演着极为重要的角色。

笔者在多年教学实践中发现，实施任务驱动法的课堂存在诸多影响学习效果的因素。例如，有的学生英语基础不够扎实，主动学习意识不强，思维较为封闭，在执行任务时学习效率低下；有的学生性格内向，羞于表达；有的甚至滥竽充数、浑水摸鱼，在任务活动中采取消极学习的态度等，这些都大大影响了任务教学法的实施效果。

由于教学是一个长期的、连贯的过程，基于上述教学实际，教师应及时调整教学方法，创新教学模式，使教学任务具体化，科学引导学生进行自主学习，培养学生的发散性、批判性思维，加强师生之间的互动沟通及学生之间的合作交流，遵循建构主义学习理论，探索阶段性、渐进式的任务驱动法。

二、基于建构主义的渐进式任务驱动法

建构主义最早可追溯至瑞士心理学家皮亚杰提出的有关儿童认知发展的观点，经过美国教育家杜威、苏联心理学家维果茨基等众多学者研究补充，建构主义理论得到进一步的丰富与完善。

建构主义认为，学习不是教师向学生传递知识的过程，而是学生建构自己知识的过程，学习者不是被动的信息吸收者，相反，他要主动建构信息的意义，这种建构不可由其他人代替；学习者不是被动的刺激接受者，他要对外部信息做主动的选择和加工，在新旧知识经验间反复的、双向的相互作用过程中建构知识[1]。

基于建构主义理论，学生的学习路径可概括为认知（cognize）—体验（experience）—复盘（retrospect）—内化（internalize）。因此，在学生不同的学习阶段，教师应该了解学生的思维特点，因时制宜，不断调整教学策略，逐步细化任务要求，适时量化学习成果，通过渐进性的任务驱动，实现良好的教学效果。

商务英语课程使用的是主题式的原版引进教材，课堂以交际法为教学原则，教师在课堂上的主要任务是引导学生进行相关商务话题的听、说、读、写等各项能力训练，组织学生就某一问题进行讨论，促进互动与交流，培养其解决问题的能力。根据认知—体验—复盘—内化的学习路径，在教学活动初期，教师需加强理论与真实生活实践的联系，如讲授建立业务关系的内容时，先引导学生思考以往结交朋友的对话方式；再如讲授商务谈判技巧的内容时，通过还原学生日常逛街购物讨价还价的场景，使学生借助自己原有的日常经验，举一反三进行认知理解。随后，教师进行新知识的补充，创设一定的商务情境，提出具体的任务要求，使学生在任务体验中更主

动、更广泛、更深入地激活自己的原有经验，理解分析当前的问题情境，发展有效的问题解决技能，培养学习的内部动机。接着，教师引导学生丰富或调整自己的看法，在复盘总结中培养学生的发散性思维与批判性思维，进一步提高学生的思辨能力；发起师生互动与学生互评，使学生在不同观点的交锋中加深对问题的理解。最后，教师在后续教学活动中促进学生对知识的巩固与内化，达成对问题的共同理解，建立更完整的表征。

采用任务驱动法，虽然教师的工作量增大了，对学生也是一种全新的挑战，但这种挑战让学生的语言能力和职业素养都得到相应的提高，除了模拟商务场合英语的听说读写的能力，还包括团队协作（teamwork）、演讲陈述（presentation）、合作互动（collaborative interaction）、解决问题（problem solving）、个案研究（case study）等诸多能力的训练。

三、渐进式任务驱动法具体实践过程

一般说来，商务英语的课程特色在于教材和职场语言能力培养目标的紧密结合。教材覆盖商务活动的各个方面，如客户接待、建立合作关系、商务报告、市场营销等。教师上课应该摒弃传统的"语法+翻译"的旧模式，采用任务驱动的交际法和启发式教学，为学生提供真实而生动的情景，重点培养学生的语言运用能力。

商务英语课程可进行的渐进性任务驱动教学法有：配对讨论、破冰团建、商务PPT讲解、模拟面试、模拟交易会等。其中，模拟展会实训更是商务英语课程的重点学习内容。模拟交易会结合国际贸易知识与商务礼仪知识，让学生真实体验展会准备、寻找客户、公司及产品介绍、价格磋商等外贸环节，为学生提供知识运用、团队沟通、人际交流、学习反馈的平台，实现与交流对象的良性互动。

下面，我们以模拟交易会作为案例，详细介绍渐进式任务驱动法的教学实践过程。案例教学法转变了教育理念，注重培养实践能力，有助于提高学生的职业素养，培养学生独立思考、分析、推理问题的能力。商业英语教学中运用案例研究法的有效性已经为该领域众多研究者所证明，能让学习者清晰地观察课堂范围内的理论工作如何应用于现实生活中的情况，是专门用于商务英语的教学模式，能帮助学生熟悉企业的要求，使学生在今后的实习与就业中能够投其所好，少走弯路[2]。

（一）前期准备

1. 创建模拟公司

根据班级的规模，把全班学生分为若干组，每组6人左右，每组成立一个模拟公司，共同商讨公司名称、地址等主要信息、确定主营业务与产品价格等。

2. 组内分工

每家模拟公司成立两个部门，分别为参展部与采购部，每部门3人。学生根据自己兴趣与性格特点自主选择岗位，明确自己的工作职责，如口才好的同学可选择加入参展部，进行公司及产品介绍，熟悉产品特性；而采购部成员要求工作细心，能根据不同预算准确判断市场趋势并下单。

3. 模拟展会布置

实训地点为本班教室。调整课室桌椅，围成圆形，第一至六组按顺时针方向依次就座，参展商坐一排，与采购商相向而坐。各参展公司根据各自的产品布置展位，要求产品布置美观，有明确的公司Logo展示，摊位干净整洁。

（二）认知阶段

在本阶段，学生从不同的知识背景、不同的学习角度出发，以现有的经验为基础，通过对合同、展会等新信息的学习认知，建构自己对国际贸易新的理解。任务设置如下。

1. 学习英文合同基础知识。采购部成员每人分配3份纸质合同，每份合同分别设置上限成交金额为10万、20万、30万美元。

2. 每家模拟公司准备3个产品，确定产品销售价、折扣价、底价等，了解产品特点，参展商能全面准确地用英文介绍产品名称、用途、材质、性能、规格、注意事项等。

3. 通过中国进出口商品交易会官网及其他网络资源、广交会介绍视频等各种媒体方式进一步了解交易会，学习交易会相关英文用语，熟悉打招呼、询价、报价、复盘、成交、会后联系等常用词汇及句型。

（三）体验阶段

一般而言，模拟交易会分两轮进行。

第一轮：商品介绍（10分钟）。每一家公司的参展商驻守在本摊位，进行2分钟的公司及商品英文介绍，面对不同的采购商采取不同的营销策略，并回答采购商的相关问题。第一组采购商首先到第二组停留2分钟，接着到第三组停留2分钟，直至到第六组结束。其他各组按照同样时间、顺序进行移动。

第二轮：交易磋商（30分钟）。每一组采购商可自行前往除自己小组外的任一小组进行价格磋商并交易下单。双方共同商定合同细则，用英语就质量、数量、规格、交货期、价格、支付方式及装运等合同条款进行磋商并签订合同，成交后合同交由参展商保存。

两个环节结束，各小组统计总交易金额，进行业绩大比拼。各小组交易金额从高至低排名，可依次适当增加课堂表现分。引入竞争机制，提高学生的学习热情；集体位置的变动，使学生保持对任务的专注。

在本阶段，学生能直接迁移和引用关于国际贸易的新旧知识，自主解决复杂、实际的问题。在此阶段，教师从旁观察，开始时可以给予适当引导，并有意识地减少引导，争取让学生进行独立探索，从而进一步锻炼学生的外贸实操能力，激发学生的兴趣，拓展学生的视野。

（四）复盘阶段

交易体验环节结束，教师及时进行总结复盘。

1. 学生评价，首先进行小组讨论，总结个人对小组的贡献、发现的问题等；其次教师邀请每一组的参展商及采购商代表发言，简述感想与问题。学生互评体现了其协作学习的能力，学生通过交流不同观点，补充并加深其对知识的理解。如有学生注意到部分同伴的商务礼仪意识欠缺，称自己到访时，摊位上的参展商保持坐姿不变也不打招呼。又如有的学生提到在价格磋商环节发觉自己的谈判水平较低，向对手学习了实用的谈判技巧。

同时，教师可以通过提问，培养学生的发散性思维，如：学生反思自己准备不充分，教师追问"应如何准备交易会"，再如学生认为自己无法用英文顺畅表达中文意思，教师询问"如何解决词汇量不够的问题"，引导学生进行下一步的自主学习规划。

2. 教师点评，分析总结学生的中式英语思维及商务礼仪问题，列举学生对话中存在的语法问题，围绕深度学习的目标，帮助学生完成对所学知识的意义建构。

（五）内化阶段

根据美国教育家布卢姆—安德森的认知能力分类——记忆、理解、运用、分析、评价、创造六个认知层次可知，学生在认知的"创造"阶段应做到整合各种知识，通过知识生成、贯彻以促进记忆、理解与灵活应用，达到内化知识的效果[3]。因此，结合模拟交易会的知识重难点，在本阶段设置"销售英语口语对话课堂考核"的后续任务，要求如下。

1. 两人一组，全英对话，务必脱稿，沟通顺畅。

2. 一人扮演买家，一人扮演卖家，针对身上穿的某一件衣服，进行服装销售。

3. 销售流程为：打招呼—产品推荐—产品介绍—讨价还价—成交。重点考核双方价格磋商的过程。

在内化阶段，教师可进一步了解学生对建立业务关系的常用词汇及句型、商务谈判技能的掌握程度，也应及时对学生表现进行反馈。

（六）教学反思

从教学实践看，笔者认为基于建构主义的渐进式任务驱动法对于商务英语课堂教学具有积极意义，能大大提升学生的语言应用和实践能力，增强学习效果，这种成效主要体现在下面两个方面。

1. 以任务促学，深化学习成效

在课程学习前，笔者在学生中进行调查，在问道"你认为自己的英语口语学习存在哪方面困难"时，高达79.8%的学生觉得自己词汇量不足，74.5%的学生认为缺乏英文交流环境。经过一学期的学习，总计81.4%的学生认为自己在听说能力、思辨能力方面得到提高，有近一半的学生认为自己的人际交往能力有所提升。在期末组织的学生课程反馈中，有如下评论：

"学得很快乐""了解了很多知识干货"。

2. 以任务促教，授课模式多元化

渐进式任务驱动法教学中，教师并不是完全的旁观者，而需留意学生的学习动态，根据学生的学习水平及时调整教学方式，通过细化任务要求、量化学习成果激励学习产出，设置任务时可利用卡片、音频、视频、希沃软件等多媒体工具协助教学，丰富教学手段，因势利导激活学生思维，培养学生的思辨能力，实现教学相长。

然而，我们在看到成效的同时，也要注意需要反思的地方。基于建构主义的渐进式任务驱动法对教师个人素质及课堂掌控力构成挑战，也对教师在任务的科学设置、课堂的充分引导、后续的及时反馈、教学的连贯完整等提出更高的要求。特别值得一提的是，渐进式任务驱动法仍是个别教师实验的成果，需要花费大量的时间准备、演练、布置环境等，仅仅适用于那些基础相对较好、学习自觉性较高的学生进行熟练度的练习，如何让它也能面向基础相对薄弱、发展不太均衡的学生，并推广到更多的班级，仍需接受教学实践的反复检验。

四、结语

基于建构主义的渐进式任务驱动法是循序渐进的教学法，是以学生为主体的参与性教学活动，突破传统教学的局限，在创设情境中达到"教、学、评"三位一体，实现有效教学。由于知识具有连贯性，教学的实施也应具备系统性、连贯性。实施渐进式任务驱动法教学，对教师、教材、授课理念和地点，以及课后活动等都提出了一系列要求。

教师不应该被看成"知识的授予者"和"灌输者"，而应被视为学生建构知识过程的促进者、组织者和"向导"。只有在上课时让学生思维处在非

常紧张、活跃的状态，才能切实打破课堂沉默状态。教学环境的保障也要跟上，互动教室能采用情景模拟法、案例研究法等让学生在小组合作和实践中学习，多方面锻炼职业能力。无论以哪种方法为主，在案例教学的实施过程中，都应该做到明确教学目标、深化课程改革、做好线上反馈和数据采集整理的工作。课后依托网络环境，可进行资料补充、任务布置及实践配合，从而实现课内外教学环节的无缝对接。未来，更需要运用现代化教学方式，使模拟案例教学和多种手段相结合，认真选好案例，做好充足准备，博采众长，兼容并蓄，提高课堂效率[4]。配合日渐丰富的社交媒体，强调课后的扩展学习和第二课堂活动的参与，让学生在生活题材和语言实践中锻炼语言交际能力，学以致用，提高真实度和鲜活感。

可见，在施行效果方面，渐进式任务教学方法因应了商务英语的能力要求，解决了诸多实际问题，成效显著。展望未来，若能加强师资培训，不断完善教师的专业能力和多学科知识，推动其提高对采用任务驱动的教学法的兴趣，就可以使学生在交际法教学环境中提升主动性和参与度，准确而又快速有效地执行教师布置的任务，并能随时和同伴展开有效的互动交流和课堂训练，提高商务英语听、说能力。伴随着多媒体、网络等现代化的虚拟仿真手段进入课堂，学生的学习方法更趋多样化，有助于进一步提高兴趣，调动积极性，增强学习效果。

参考文献

[1]温彭年，贾国英.建构主义理论与教学改革——建构主义学习理论综述［J］.教育理论与实践，2002（5）：17-22.

[2]陈恒汉.商务翻译的案例教学与研究［M］.北京：中国国际广播出版社，2021：213-215.

［3］ANDERSON LORIN W, KRATHWOHL DAVID R, BLOOM BENJAMIN S, et al. A Taxonomy for Learning, Teaching, and Assessing-A revision of Bloom's Taxonomy of Educational Objectives［M］. New York: Longman, 2001: 27-32.

［4］陈恒汉，董蕾，彭艳凤. 案例教学法在MTI商务翻译课程的应用// 华侨高等教育研究［C］.中国国际广播出版社，2019（2）：75-77.

华侨大学　外国语学院

广东省外语艺术职业学院

内容依托教学模式与大学英语
课程教改研究①

石宝鹏　　陈晴怡②

摘　要： 内容依托教学模式是将语言与人文学科相结合的外语教学方法，是语言工具学科与跨文化交际学科的有机结合。内容依托教学模式渗透于英语教学的教材选择和教学实施等环节，能充分挖掘教材的文化内涵，实现语言学习的工具性和人文性的统一。在大学英语教学中植入内容依托教学模式，既能帮助学生理解教学内容，也有助于学生提高语言能力和思辨能力，能够在大学英语教学改革中发挥重要作用。

关键词： 内容依托模式；跨文化交际；大学英语教学改革

①　基金项目：2021 年华侨大学教育教学改革项目"中华传统优秀文化融入境外生英语教学改革研究"；外语教育与研究出版社大学外语教学科研项目"南亚区域语言问题下的社会文教交流研究"。

②　石宝鹏（1978—　），华侨大学外国语学院讲师；研究方向：英美文学，跨文化交际和英语教学。陈晴怡（1999—　），华侨大学外国语学院 2021 级研究生；研究方向：翻译传播、社会语言学、跨文化比较。

一、引言

21世纪，国际交流日渐频繁、国际事务错综复杂，为了适应形势的发展，《国家中长期教育改革和发展规划纲要（2010—2020年）》提出，我国教育要培养大批具备国际视野、通晓国际规则且能参与国际事务和国际竞争力的国际化人才。高等教育肩负培养人才的历史使命，培养具有跨文化能力、通晓国际规则和具有思辨能力的创新人才。教育部颁布的《大学英语教学指南》（2020）明确指出：大学英语课程不仅有助于学生学习了解世界各国优秀的文明和文化、前沿的科学技术、先进的管理经验和思维模式，培养人文精神，提升综合素质，促进全面发展，而且为学生知识创新、潜能发挥提供一个基本工具，为适应经济全球化时代的机遇和挑战做好准备。根据不同历史时期社会发展的要求，英语从最初的工具学科已经过渡到人文素养教育学科，也是文化传播的载体。这是我国当代人才培养模式的转变，同时也对大学英语教学改革提出了新的要求。

为了落实《大学英语教学指南》（2020），进一步提高大学生语言综合应用能力，不同层次的高等院校都做出了相应的调整，致力于构建一个科学、合理、有序的大学英语课程体系。我国学者早期倡导开拓英语通识教育的新视野，王哲提出"把大学英语+通识教育这一课程设置模式作为中国外语教学的一个重要转折"[1]。胡壮麟指出："市场是不断变化的，与其过早地规定方向，不如搞通识教育，扩大学生的知识面，更实际一些"[2]。当代大学英语教学改革的突破口就是将内容依托教学模式应用于大学英语课堂，实现大学英语教学和通识教育的有机结合。

二、内容依托教学模式简介

内容依托教学模式，即Content-based Instruction（基于内容的语言教学），是一种将语言学习与学科内容的有机融合，把目标语与有意义的内容进行结合的教学模式。Mohan指出，依托课程内容的外语教学是指将语言教学基于某个学科或某种主题内容的教学之上，使语言学习与学科知识学习结合起来，在提高学生学科知识和认知能力的同时，促进其语言水平的提高[3]。这种教学模式不是围绕语言大纲组织教学，而是围绕着学习内容或信息组织教学[4]。这种教学模式将人文知识与语言技能、学习策略、能力培养融为一体，注重思辨能力和综合能力培养。目前已有很多学者针对内容依托教学模式进行了大量的研究，这种外语教学模式更有利于培养学习者英语学习兴趣，提高学习者英语综合应用能力。

众多学者对内容依托教学模式进行了多层次的研究，主要聚焦以下几个方面：针对英语专业教学进行内容依托教学模式进行实证研究，认为这种教学方法有助于提高学生的应试能力，提升学生的文化素养；针对商务英语教学实践进行研究，说明这种教学方法能促进学生用英语作为目标语进行国际商务交流；有学者就内容依托教学模式对单一的听、说、读、写能力的培养进行了探索，通过实证研究表明学生的英语技能可以得到明显提高。

目前，内容依托教学模式的研究主要集中在英语专业领域和商务英语教学实践，以及相关理论的介绍。针对大学英语通识课程所进行的内容依托教学模式研究相对缺乏，内容依托教学模式改变了传统大学英语听、说、读、写语言技能培养模式，对大学英语教学方法进行了创新性改革，可提高学生的语言技能，开拓学生的视野，并提升学生的综合素质和思辨能力。针对内容依托教学模式指导大学英语教学，蔡基刚指出"学生的注意力集中在内容上，把目标语言作为工具来探索知识，这时学习的状态最接近母语学习，因此学习效率就最高"[5]。因此，将语言学习和人文知识学习相结合是目前大学英语教学改革聚焦的新方向，将语言与专业相结合有助于培养具有国际竞争力的国际化人才。

三、内容依托模式在大学英语教学中的实施

目前，考试仍是教育部门衡量高校教学效果的主要方法，甚至有的大学英语教学工作沦为大学英语四、六级考试的准备课程。如何将内容依托教学模式贯穿于英语通识课程，并取得预期的教学效果，将是本研究的主要内容。

内容依托教学模式的主要理论依据是二语习得理论，当学习者获得的信息有趣、有用而且会达到期望的目标时，第二语言学习将会更加成功[6]。Swain提出人们逐步认识了输出在二语习得过程中的四大功能：提高语言的流利度和自动化程度、检验语言假设、增强对语言的意识程度、培养对元语言的反思能力[7]。根据二语习得理论，首先需要为学习者营造语言学习的环境，其次应该建设一种能将语言"学得"转换成语言"习得"的课堂环境，与传统大学英语教学模式相比，内容依托教学模式通过学习和讨论中国历史文化，进行语言"输入"与"输出"交换，帮助学生提高英语综合应用能力。

（一）教学内容

国外学者Met. M认为，内容依托教学模式可以适用于学生们感兴趣的数学、地理、历史等常规课程，具体课程内容既要对学习者有认知吸引力和需求性，还要超越目标语言与文化[8]。针对大学英语内容依托教学模式，北京大学出版社出版了《美国历史文化》《英国社会与文化》《跨文化交际》《中国文化》等英文版教材，内容依托教学模式需要有针对性地选择教材，在课程建设和教学实施环节充分挖掘其思想和情感资源，丰富其人文内涵，实现工具性和人文性的有机统一。教学过程更加注重中国历史文化知识的连贯性、历史人物和历史时间的趣味性，使学生通过学习中国历史文

化，对英语语言产生浓厚的兴趣。

通过学习这些课程，学生可以在有趣的历史文化知识中学习英语，在学习中国文化知识的同时，达到语言和文化知识相融合的效果，为大学英语通识课程教学改革提供参考和借鉴。遵循内容依托教学模式，开创性地将内容依托教学模式应用于英语通识课程，目的在于探讨内容依托教学模式在英语教学过程实施的可行性，在教学实践过程中发现问题，并寻求适合新时代大学英语教学的最佳模式。

（二）教学方法

内容依托教学模式的四个基本特征是：以学科知识为核心、语言材料的真实性、学习新的知识、适应特殊学生群体的需求[9]。在教学实践中，既要学习完整的中国文化知识，又要引导和鼓励学生进行英语思考和练习，并在完成一个章节的学习任务后，布置一定量的听、说、读、写练习任务。

内容依托教学模式的灵活性在于它并没有规定必须使用具体的教学技巧，教学活动可以是任何适用于教学的行为[10]。大量课前阅读的积累一方面可以扩大学生的词汇量，丰富相关中国文化知识的积累，进而提高学生的英语水平。另一方面生动有趣的中国文化知识反而可以激发学生的学习兴趣，调动学生的积极性。课堂教学采用的PPT课件仅仅罗列历史文化线索辅助教学，内容依托教学的核心模式以学生输出为主，坚持语言与内容的结合。

（三）教学设计

目前传统的大学英语教学模式存在如下问题：学生学习兴致低迷、课堂氛围沉闷、理论与实践相脱节、教学收效甚微。传统课堂教学环节主要是讲解生词、语法、课文，每节课进行小组活动环节时间很少，课堂教学的师生互动环节主要是关于知识点的提问和学生回答；而学生的问题大多是关于词汇和语法知识，只有少量思考题目。由此可见，大学英语课堂教学基本上是以教师语言输出为中心的课堂教学模式。内容依托教育模式的推行无异于对症下药。区别于传统英语语言知识的单一学习形式，该模式选择学生感兴趣并且有需求的内容进行教学，结合中国历史文化知识的学习，在培养学生英语能力的同时，亦可提高学生的学习兴趣，明确其学习目的，提升课堂效率。

系统功能语言学提出，语言使用者若要在真实的语境中成功地交际，仅有语音、词汇和语法方面的系统知识是不够的，还须掌握语言的三大功能，即概念功能、人际功能和语篇功能，也就是要具备包括语法能力、心理语言能力、社会文化能力，以及判断语言使用概率在内的"多种能力"[11]。显然，传统的大学英语教学大多数局限于词汇用法、语法知识讲解的课文串讲，强调了语言的工具功能，而内容依托教学模式则是以学生输出为主的课堂教学模式，形成了语言的工具功能和交际功能的有机结合。

为了更加有效地实施内容依托课堂教学，国外学者提出了"6—T"方法，分别代表主题、课文、话题、线索、任务、过渡[12]，这也是本模式采用的主要教学方法，对教学实践有重要的指导意义。

第一，任务驱动型教学模式。教师布置与中国文化章节相关的阅读材料，两个小组学生在课件帮助下进行讲解。在课堂参与过程中，学生对课程内容十分感兴趣，能积极地阅读相关历史章节，并识记生疏英语词汇和地道英语表达方法。

第二，课堂讨论教学模式。教师进行大概20分钟疏导式讲解并提出问题，坚持以学生讨论和学生语言输出为主。文秋芳提出新假设教学设计，即假设用英语故事进行课堂教学，"新假设将根据学生的学习心理，强调'用英语做事'一方面帮助学生盘活已有的被动性知识，另一方面让学生发现已有知识不足以完成现有的交际任务，以此促进他们主动学习新知识"。[13]语言输出活动有利于学生检验目的语词汇、语法以及语用的得体性，促进语言运用的自动化，学生可以根据课前阅读获取的历史文化知识提出问题，师生共同探讨完成输出任务。

第三，课后实践教学模式。教师布置相关核心词汇，学生使用相关词汇完成一篇主题作文，通过写作练习学生可以灵活应用所学词汇，作文符合英语表达习惯；同时学生需要完成课后相应的练习题以提高语言技能。

（四）教学评估

Pickering & Garrod认为最自然、最基本的语言使用方式是对话，在对话交流中，基于社会文化历史背景的非对称性促成"脚手架"搭建，师生交换意见，就问题的目标、结构达成共识，从而引起个体认知的变化[14]。师生进行课堂及第二课堂活动动态交换，强调评估与教学的结合，有助于学生认知历程和认知能力提高。

内容依托教学模式坚持以学生课堂输出为主，通过问题驱动和写作实践相结合等教学手段来调动学生主动学习的积极性，教学实践取得了可喜的成绩，提高了学生的英语语言应用能力；激发了学生对语言学习的兴趣；积累了丰富的中国历史文化知识；培养了学生的思辨能力。内容依托教学模式旨在通过特定知识的学习来提高英语听、说、读、写能力，达到历史文化知识与语言技能的统一，人文性和工具性的有机结合。该教学方式采用小组讨论、PPT主题讲解、课后词汇及语法习题、给定单词主题写作、第二课堂活动和期末闭卷考试相结合的评估方式，成绩评定划分由平时表现与期末考试平分占比。课堂小组讨论和PPT主题讲解旨在考查学生对相关中国历史文化知识的理解，提高学生的思辨能力；课后词汇及语法习题旨在巩固语言知识；给定单词主题写作和第二课堂活动可以考查学生的语言应用能力和中国历史文化知识的掌握程度；期末考试作为常规教学内容是对学生阶段性学习的效果进行测试。

四、内容依托模式在大学英语教学中的实施效果

内容依托教学活动和课堂教学环节与教学效果密切相关，要求教师精心策划，并要求学生课前积极准备和课堂积极参与，两者相结合才能达到预期教学效果。经过一段时间的实践，效果显著，以大学英语的《中国文化》课为例，实施的效果体现在以下几个方面。

第一，切实加强英语通识教育，拓展学生的视野，提高学生的综合素质。大学英语通识教育超越了语言狭隘的工具技能，大学英语通识教育关心学生的理性、心智和人生观。胡壮麟提出英语教育改革的一个重要的思路：应从跨学科和超学科的观点，扩大视野；以国家语言政策为基准，引导讨论[15]，跨学科学习中国历史文化，帮助学生获得比较系统的中国文化知识，引导学生继承和发展优秀文化。内容依托模式教学是内容和语言的结合，同时通过对中国文化的学习弥补专业知识的不足，对于通识教育更有意义。

第二，促进学生独立思考和批判性思维的养成，提高学生自我认知能力和辨别能力。将思辨能力培养作为大学教育的基本要求，对我国人才培养模式来说意义重大。蔡基刚指出"学术英语不仅仅是传授知识，培养学生听、说、读、写的语言技能，更主要的是培养学生终身受用的独立思考的批判性思维能力"[16]。内容依托教学模式强调将学科内容和语言学习结合在一起，使学生在学习学科内容的同时，提高自己的批判性思维能力和语言水平。作为可迁移的思辨能力，是主体对客体的主观认识，并形成独立的判断并制订对策。传统概念认为思辨能力包括辨认假设、归纳、演绎、解释和评鉴五个方面的能力，我们可以简单地理解为首先是思考，学会如何辩证地看

待历史问题，拥有自我认知能力，对于学生的成长非常重要；其次是辨别能力，根据过去的历史经验，做出正确的抉择。因此在英语通识教育中实施内容依托教学模式有利于学生思辨能力的培养。改变传统大学英语课堂以语言技能为目标的教学方式，内容依托教学模式旨在培养通识人才，通过主题讨论和学生PPT展示等形式，培养学生的思辨能力。

第三，充分调动学生学习主题的积极性，激发学生语言习得的兴趣。内容依托教学模式有利于激发学生的语言学习动机，通过学习个人感兴趣的知识保持长久的学习动力。内容依托教学模式将语言学习与中国文化知识统一起来，消除了语言学习和学科知识学习人为分割的状态，强调通过学习具体的中国文化来提高学生的听力、口语表达、阅读、写作等二语应用能力。内容依托教学模式将语言教学建立于某学科或某种主题内容的教学之上，把语言学习同学科知识结合起来，提高学生学科内容知识和认知能力的同时，促进其语言水平的提高[17]。此外，以内容为依托的教学模式在方法上灵活，通过问题驱动、语言输出等教学手段调动了学习主动性。通过专题讲解与小组讨论、学生课堂展示、任务驱动等有效的教学环节相结合，提高学生的英语语言应用能力，激发其对语言学习的兴趣。

当然，在看到成效的同时，我们也发现了一些需要解决和思考的问题。例如，教学时间明显不足，对很多有意义的历史事件只能浅尝辄止，无法满足更多学生踊跃发言的要求；学生语言水平参差不齐及历史文化知识匮乏，难以适应新的教学模式；语言技能与历史文化教学难以达到平衡。

五、结语

适应《国家中长期教育改革和发展规划纲要（2010—2020年）》要求，本文旨在通过教学个案研究探索如何具体落实《大学英语教学指南》

（2020）。研究发现学生英语语言能力有显著的提高，其思辨能力和通识能力得到有效培养。在大学英语教学的文化课程中向学生提供大量的、有趣的真实史料，能使学生获得自然的二语习得环境，从而使学生通过学习真实的历史文化材料提高语言技能。教师在教学设计环节不仅要围绕中国历史文化主题，还要引导学生运用目标语言，在语言技能与历史文化知识之间达到平衡。

内容依托的教学模式首先要求授课教师具备良好的语言能力，同时具有课程所需的知识体系，内容依托教学模式在英语通识课程教学方面对教师提出了更高的要求，这将是未来师资培养的一个方向，也将是后续要研究的一个重大课题。研究发现，我们可以依照内容依托教学模式对大学英语教学模式进行改革，增进学生对中国历史文化的理解，培养跨文化交际能力及对外文化传播能力。

参考文献

［1］王哲. 大学英语教改总结暨外语通识教育高层论坛会议纪要［J］. 外语电化教学，2010（3）：80-81.

［2］胡壮麟. 对中国英语教育的若干思考［J］. 外语研究，2002（3）：2-6.

［3］MOHAN, B. A. Language and Content［M］.Reading, MA: Addison Wesley. 1986（1）：1-4.

［4］［10］RICHARDS, J. C. & T. S. ROGERS. Approaches and Methods in Language Teaching［M］. Cambridge: Cambridge University Press, 2001: 45-50, 217.

［5］［16］蔡基刚. 一个具有颠覆性的外语教学模式和方法——学术英语与大学英语差异研究［J］. 外语教学理论与实践，2014（2）a：1-7.

［6］史光孝，赵得杰. 以内容为依托的大学英语走向：同时教育抑或学术英语教育［J］. 山东外语教学，2011（2）：104-108.

［7］SWAIN, M. Three functions of output in second language learning［A］. In G. Cook & B. Seidlhofer(eds.). Principles and Practice in Applied Linguistics: Studies in Honor of H. G. Widdowson［C］.Oxford: Oxford University Press, 1995: 125-144.

［8］MET. M. Learning Language Through Content: Learning Content Through Language［J］. Foreign Language Annals, 1991（24/4）: 281-295.

［9］STRYKER, LEAVER S, LOU B. Content-Based Instruction in Foreign Language Education: Models and Methods［J］. Hispania, 1997, 82（1）: 95.

［11］张德禄. 系统功能语言学对机助外语教学的启示［J］. 外语电化教学，2004（6）：14-19.

［12］STOLLER, F. L & GRABE, W. A. Six-T's Approach to Content-based Instruction［A］.Longman, 1997（c）: 1-13.

［13］文秋芳. "输出驱动—输入促成假设"：构建大学外语课堂教学理论的尝试［J］. 中国外语教育，2014（2）：3-12.

［14］PICKERING M & GARROD S. Toward a mechanistic psychology of dialogue［J］. Behavioral and Brain Sciences, 2004（2）: 169-226.

［15］胡壮麟. 对中国外语教育改革的几点认识［J］. 外语研究，2015（1）：52-55.

［17］袁平华，俞理明. 内容依托式的大学英语外语教学模式研究［J］. 外语教学与研究，2008（1）：59-64.

华侨大学　外国语学院

刍议境外生"材料力学"的教学

方德平

摘　要：针对境外生学业基础欠佳，"材料力学"课程又较难的特点，在教学中注重四个方面：介绍中国古建筑的力与美，培养文化自信；用鲜活、趣味例子讲解力学；用具体实物和教具直观讲解力学；删繁就简，删难就易；力求让境外生多掌握基本概念、基本知识和基本方法。

关键词：境外生；材料力学；教学

招收培养港澳台侨学生及华裔新生代等外国留学生，是国家创办华侨大学的初心和学校新时代的使命，也是华侨大学不同于其他大学的办学特色和独特优势。境外生不远千里万里来到华大学习，把人生最宝贵的阶段和自己的梦想交给华侨大学，华侨大学有责任有义务把学生培养好。为此，土木工程学院将多门主干课程为境外生单独开班，以提升授课的有效性和针对性，"材料力学"[1]位列其中。笔者作为"材料力学"的授课教师，为境外生单独开班、授课多年，积累了一些教学经验，总结了"材料力学"的教学实例，在此抛砖引玉，践行华侨大学的初心和使命。

"材料力学"是一门理论联系实际，实践性较强的课程，是一门由基础课过渡到专业课的承上启下的课程。虽然华大境外生认同祖国大陆，但由于境外生的教学体制和招生方式迥异于境内生，境外生知识基础、学习态度和学习能力也弱于境内生。力学课程与高等数学相生相伴、密不可分。境内生尚且敬而远之，境外生难免有畏难情绪了。如何讲授"材料力学"，在不失力学严谨性和完整性的前提下，让境外生掌握基本概念、基本知识和基本方法，就不是一件容易的事情。即便笔者有30余年的教学经历，仍不失为一种挑战。

一、介绍中国古建筑的力与美，培养文化自信

中国古建筑一般采用木圆柱，靠近地面一端为石头基座，基座横截面面积较大，起到减少压强作用，同时有利于木柱的防腐。值得注意的是柱身，柱高和圆柱直径的比值，在唐、宋时期一般为8：1或9：1；明、清时期一般为10：1。这样的长细比给人十分雄浑的感觉，尤其在宫殿、庙宇可以充分表达出建筑的庄严与威武。在稳定计算中，稳定因数$\varphi = 0 \sim 1$，是重要的数值。φ值过小，柱子呈纤弱之姿，容易失稳，不能有效利用材料的强度；φ值过大，柱子显臃肿之态，不易失稳，但也不能有效利用柱子过高的抗压承载力。一般认为，合理的$\varphi = 0.5 \sim 0.9$。对木柱作压杆稳定计算，可知稳定因数$\varphi = 0.8 \sim 0.9$，说明木柱较充分、合理地利用了材料的强度，且较稳定。值得注意的是：古时候工匠并无相应的力学稳定知识，他们完全根据材料的特性、工程经验和审美要求来确定木柱的柱高和直径的比值，通过大量的工程实践、直觉和天赋，达到美学和力学的完美统一[2]。

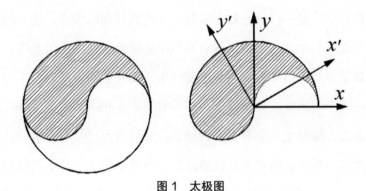

图 1   太极图

图1的太极图在循环转动的过程中，阴阳二极此消彼长，总处于动态平衡之中。太极图所体现的对立面的和谐统一思想渗透在中国的文化精神之中。太极图虽然不具有对称性，但仍具有很漂亮的几何性质：惯性矩 $I_x = I_y$、惯性积 $I_{xy} = 0$，即 x、y 轴为半个太极图的主惯性轴，旋转 x、y 轴任意角度至 x'、y'，惯性矩保持不变 $I_x = I_y = I_{x'} = I_{y'}$，惯性积 $I_{xy} = I_{x'y'} = 0$。在材料力学教学中引入中国的文化的特征之一——太极图，既丰富了课堂气氛，又弘扬了中国文化，对境外生更有裨益。

中国传统高规格建筑中的木梁一般采用矩形截面，在矩形梁平直的表面上可以方便地绘制彩画，提升建筑的美学层次。不过，在图2的圆木中截取矩形截面，如何确定高宽比 h/b 的合理值？中国古代工匠在长期的工程实践中，不断探索高宽比的合理值。宋朝李诫在所著的《营造法式》中，对这一探索成果进行了总结，规定木梁截面的高宽比 $h/b = 3/2$。从"材料力学"可知，木梁抗弯强度最大 W_{zmax} 时，$h/b = \sqrt{2}$；抗弯刚度最大 I_{zmax} 时，$h/b = \sqrt{3}$。$3/2$ 在 $\sqrt{2}$ 和 $\sqrt{3}$ 之间，可以说完美地兼顾了木梁抗弯强度和刚度的要求。同时，$2+3 = 5$，这也是中国五音——宫、商、角、徵、羽在建筑中的体现，所以建筑是凝固的音乐不是一句虚言。这样的教学既生动、有趣，又增加了境外生对传统文化的认识。

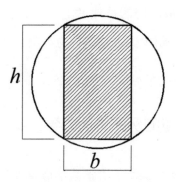

图2 圆木中的矩形

图3的抬梁式又称叠梁式,是在主立柱上架主梁,主梁上设短柱,短柱上又设抬梁,抬梁逐层缩短,最上层抬梁中间立小柱或三角撑,形成三角形屋架。抬梁式木构架至迟在春秋时代已初步完备,在宫殿、庙宇、寺院等大型建筑中普遍采用,更为皇家建筑群所选,是木构架建筑的代表。抬梁和短柱分散了屋面荷载,主梁所受的荷载靠近主立柱,降低了主梁的弯矩,增加了主梁的跨度和安全性。通过抬梁式的介绍,境外生增强了力学和建筑知识,同时也加深了对中国传统木结构建筑的认识,进一步欣赏了中国传统木结构建筑的恢宏大气,让人更加钦佩古人的智慧。

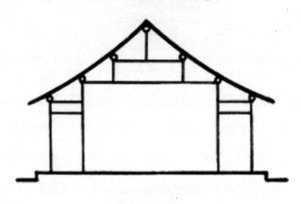

图3 抬梁式

我们坚定道路自信、理论自信、制度自信、文化自信。文化自信,是更基础、更广泛、更深厚的自信。在五千多年文明发展中孕育的中华优秀传统文化，积淀着中华民族最深层的精神追求，代表着中华民族独特的精神标识。力学的课堂教学中介绍中国古建筑的力与美，可以弘扬中华文化，坚定境外生的文化自信。

二、用鲜活、有趣的例子讲解力学

力学与数学相生相伴，课堂上力学数学推导较多、公式较繁杂，这些都击中了境外生的"痛点"。如何用鲜活、有趣的例子来讲解力学就显得尤为重要[3-6]。

图4　单人划艇

图4呈现的是单人划艇，桨手前腿成弓步，后腿跪着，两手握一支像铲子般的单面桨，只在艇的一侧划水。课堂提问：一侧划水，日常经验可知，艇会拐弯，而赛道是直线，怎么办？有些同学会根据一般的船是靠舵拐弯的原理回答：桨手用脚操纵舵来抵消一侧划水所导致的拐弯，实现艇走直线。可是艇并没有舵，那又怎么办呢？这时结合力线平移定理，讲解桨手划桨的同时，对桨施加力偶，即转桨，划桨的力与转桨的力耦合成为作用线与艇纵轴线重合的力，这样艇就走直线了。青年学生对体育感兴趣，这样讲

解巩固了学生的力学基础和概念。中国皮划艇项目在国际赛场频频摘金夺银，境外生欣赏了体育比赛，也增强了民族自豪感。

讲述压杆稳定时，推导临界应力与弹性模量成正比、与柔度的平方成反比。由于推导时用到微分方程的求解，较为复杂，境外生对此普遍感到困难。这时，课堂上可举图5的"硬气功"表演——咽喉顶枪：两个壮汉隔开1～2m距离，分别用喉部顶住木杆两头的枪尖，屏足气，原地打转，"痛苦"地压弯直至破坏顶枪，而喉部安然无恙。顶枪截面一般为扁形，顶枪又较长，其柔度是很大的，木杆质地也较软（弹性模量较小），顶枪的失稳临界应力很小；枪尖较钝，并不锐利。所以咽喉顶枪表演并不需要两人具有超人的气功，并非真的"刀枪不入"，不过是一种技巧罢了。同时着重指出：弹簧变形越大，荷载越大，这是几何线性（小变形）的特性；而压杆失稳后，继续压弯压杆不需要增大压力，当压杆弯曲变形较大时，材料屈服，压力还会降低，咽喉就更无恙了，这是几何非线性（大变形）的特性。不要被线性弹簧的惯性思维所迷惑，误以为增大压杆弯曲变形，压力会随之增大；要建立起稳定概念下的几何非线性思维。

图5　咽喉顶枪

三、用具体实物和教具直观讲解力学

用一张纸片作为教具，观察纸片不能承受其自重。把纸片折成V型，在其中放置数根粉笔而无明显变形，显示V型截面的强度、刚度远大于纸片。再讲述建筑上的V型折板，展示华侨大学体操馆的屋面折板结构。拿矿泉水瓶和开盖后的可乐瓶作为教具，比较矿泉水瓶和开盖后可乐瓶的手感。由于需承受内压，可乐瓶的壁厚大于矿泉水瓶的壁厚，但是矿泉水瓶的手感却硬于可乐瓶，即矿泉水瓶壁的强度、刚度大于可乐瓶。原因是矿泉水瓶壁有压波，板的压波能增强板的强度和刚度，由此再讲述建筑上的压型钢板。可进行这样的总结：V型折板和压型钢板均为合理截面。更进一步，让境外生摸摸自己的耳朵，也是"压波肉板"啊。利用随处可见的教具，甚至与生俱来的"教具"，也可以加深境外生对结构的直观认识。

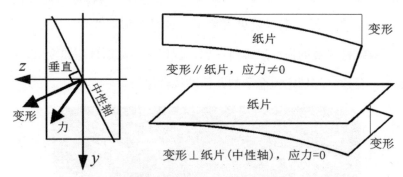

图6　两相互垂直平面内的弯曲

在"两相互垂直平面内的弯曲"章节中，图6的力作用线、中性轴和梁变形方向的关系：力作用线不垂直于中性轴，力作用线不平行于梁变形方向，但是中性轴却垂直于梁变形方向。三者关系虽然可以从数学推导中得到，但境外生理解和掌握起来有一定难度。在课堂上，还可用随手可得的纸片来直观讲解。当变形垂直于纸片，容易从对称弯曲的概念和直观感受上得知，此时纸片内的应力为0；当变形平行于纸片，容易从直观感受上得知，此时纸片内的应力不等于0。中性轴和中性层的应力一定为0，所以纸片（中性层）不能有平行于中性层的变形。这证明了中性轴垂直于梁变形。另外，可以直观感受到梁的Z向刚度小，容易变形，y向刚度大，难以变形，所以与力比较，易变形Z向的变形就多了一些，总变形就偏向于易变形的Z向。由于变形与力的方向不一致，而中性轴垂直于梁变形，自然力作用线就不垂直于中性轴。这样用简单的纸片演示了力作用线、中性轴和梁变形方向的关系。

扭转是个空间问题。以人体为例，从力学上说，描述两人打架用"扭打"比"殴打"更精确，因为打架也是个空间问题，有扭矩作用。以动物骨骼的截面—空心环形为例来说明空心结构的合理性。空心率越高，截面越合理，重量越轻。进一步分析，陆生动物受到地面的冲击力较大，其空心率不算高，骨壁较厚，以防骨折。对重量要求苛刻的鸟，受到的空气冲击力比陆生动物小得多，其空心率相当高，骨壁很薄。由此境外生可以欣赏自然界的美妙与和谐。又如讲述平衡和稳定的概念，特别是较为复杂的稳定概念，以跑步摔倒为例，描述摔倒为失去平衡是不对的，跑步已是不平衡，摔倒时谈何失去平衡；描述为失去稳定也不对，稳定指的是平衡状态的稳定性，跑步时，"平衡的皮"之不存，"稳定的毛"将焉附？正确描述就是简单描述，即摔倒了，可谓大道至简。

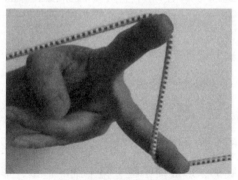

图7 橡皮筋比拟弯矩图

尽量用直观记忆，避免死记硬背。图7用橡皮筋来比拟荷载在弯矩图中的体现。一根手指的集中力顶在橡皮筋上，橡皮筋的尖角就是集中力体现在弯矩图的形状；多根手指的分布力作用在橡皮筋上，橡皮筋的曲线就是分布力体现在弯矩图的形状；两根手指的力偶作用在橡皮筋上，橡皮筋的Z折线就是力偶体现在弯矩图的突变形状。

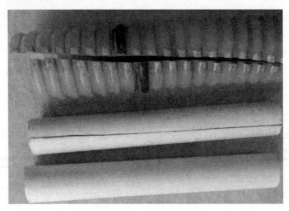

图8　开口、闭口截面

讲到圆形截面扭转的平面假设时，可用图8的纵向切口的塑料管子扭转来说明开口截面不符合平面假设。由纵向观察，截面仍然挺圆，说明截面的纵向投影形状不变这一假设，认识到扭转构件的平面假设只适用于圆形截面。讲到闭口截面抗扭性能远优于开口截面时，制作2个PVC管，一个纵向切口、一个为普通管子，让境外生扭转，比较手感的不同，加深其对开口、闭口截面扭转性能的理解。

大自然赋予树木上细下粗的造型。分析其受力，树木固定在地面，固定端处的内力较大，所以截面也较大，上细下粗完全符合力学的合理性和美学要求，可见两者是统一的。不过，上细下粗的木材形状是唯一的美好造型吗？答案是否定的。观察椅子腿，为了塑造美好的造型，工匠们不约而同地削薄了椅子腿的底部，形成椅子腿上粗下细的造型，形同人腿。分析其受力，椅子腿和人腿是固定在上面，而非地面，所以上粗下细也是合理的、美好的。伸出胳膊，形成悬臂梁，感受固端处的三角肌，理解三角肌是用来承担固端处的最大弯矩。造型美和力学合理性是高度统一的。虽然境外生的学业基础欠佳，但通过这些具体实物和教具，境外生也能够以美学和力学合理性来欣赏世界，认识建筑，无形中建立了力学概念。

四、删繁就简，删难就易

针对境外生学业基础欠佳的特点，调整课程内容，删繁就简，删难就易，减少理论推导，增加基本概念和基础知识的理解和掌握。比如，只讲直杆在集中力作用下的轴力图和变形计算，只考虑直圆杆在集中力偶作用下的扭矩图和扭转角计算，不考虑分布力和分布力偶作用下的轴力和扭矩计算、变形计算。超静定问题和弯曲变形问题在"结构力学"中有详细涉及，在"材料力学"中就不讲述简单超静定问题；只简略介绍挠曲线近似微分方程 $EIw''=-M(x)$，着重说明曲率的定义和量纲，不涉及微分方程的求解。在"截面的几何性质"章节中，只讲述平行移轴公式，不涉及转轴公式；讲述形心、形心主轴的定义，区分形心和重心定义的不同以及两者的关联性，掌握对称轴是截面形心主轴概念。

林林总总，力求让基础欠佳的境外生多掌握基本概念、基本知识和基本方法，愿与同行共勉之。

参考文献

[1]孙训方，方孝淑，关来泰. 材料力学Ⅰ（第6版）［M］. 北京：高等教育出版社，2019.

［2］慎铁杆. 中国古建筑的力与美探析［J］. 力学与实践，1996，18（3）：72-76.

［3］方德平. "材料力学"教学中的几个实例［J］. 力学与实践，1996，18（5）：61-61.

［4］方德平，林建华. "建筑力学"教学实例和心得［J］. 华侨高等教育研究，2004（2）：81-84.

［5］王广利. "建筑结构"教学中生动实例探究［J］. 重庆三峡学院学报，2015，31（3）：134-136.

［6］张桂民，王贞硕，董纪伟，等. 土木工程专业材料力学课程教学典型案例分析［J］. 高等建筑教育，2020，29（1）：181-188.

华侨大学   土木工程学院

罗尔定理的几个注记与命题[①]

汪东树[②]

摘　要： 微分中值定理是高等数学和数学分析中最为重要的定理之一。为了引导学生发现问题，并能积极探索问题的解决方法，培养具有创新精神的高素质人才，本文以注记的形式，对罗尔定理的条件进行适当的修改与扩充，并得到相同的结论；同时，对罗尔定理的条件进行加强，得到结论更为丰富的两个命题。

关键词： 高等数学；罗尔定理；拉格朗日中值定理

在高等数学和数学分析课程教学中，通常将罗尔定理、拉格朗日中值定理、柯西中值定理以及泰勒中值定理统称为微分中值定理[1-2]。它们是高等数学和数学分析中最为重要也是最基本的几个定理，它们在对函数性质和曲线性态的讨论、方程的根的存在性及根的存在区间的判定、不等式的证明、数值逼近等问题中均有着广泛的应用。目前，针对微分中值定理的教学研究已经取得了一些成果。然而，这些成果主要是集中在对微分中值定理的推广以及它们的应用上[3-6]。就罗尔定理的推广及应用研究而言，大部分

---

① 基金项目：国家自然科学基金（11501221）。

② 汪东树（1981—　），男，副教授，博士，主要从事常微分方程与动力系统的研究。

工作主要讨论辅助函数的构造问题[7-9]，而对罗尔定理的推广及其条件改进探索为数不多[10]。为了引导学生对数学中的定理及概念更加深入地思考与探索，并能积极探索问题的解决方法，启迪学生的创新思想，从而培养具有创新精神的高素质人才，本文重点对罗尔定理成立的条件进行分析，给出两个注记及两个命题。

一、罗尔定理

一般的高等数学或数学分析教材中，罗尔定理可叙述如下：

定理1[1]　如果函数 $f(x)$ 在闭区间 $[a, b]$ 上满足下述三个条件：

（1） $f(x)$ 在闭区间 $[a, b]$ 上连续；

（2） $f(x)$ 在开区间 (a, b) 内可导；

（3） $f(a) = f(b)$；

那么在 (a, b) 内至少一个点 ξ 使得 $f'(\xi) = 0$。

在大多数教材或者教辅中都指出，罗尔定理中的三个条件是必不可少的，缺一不可。如若缺少任何一个，结论都有可能不成立[1]。事实上，若缺少条件（1），结论可能不成立，如：

$$f(x) = \begin{cases} 1, & x = 0, \\ x, & x \in [0, 1]; \end{cases}$$

若缺少条件（2），结论也可能不成立，如 $f(x) = |x|$，$x \in [-1, 1]$；若缺少条件（3），结论也可能不成立，如 $f(x) = x$，$x \in [0, 1]$。

二、关于罗尔定理的两个注记

虽然罗尔定理的条件不可缺少，但我们可以对罗尔定理的条件作适当推广，使其结论仍然成立。这里我们以注记的形式给出来。

注记1 如果函数 $f(x)$ 在有限开区间 (a, b) 内可导，且 $f(a+0) = f(b-0) = A$（A可以是有限实数，$+\infty$，$-\infty$），则罗尔定理的结论仍然成立，即 $\exists \xi \in (a, b)$ 使得 $f'(\xi) = 0$。

证明：若A是有限实数时显然成立。事实上，我们可根据 $f(x)$ 在左右两个端点 $x = a, b$处的极限扩充定义 $f(x)$ 如下：

$$f(x) = \begin{cases} A, & x = a, \\ f(x), & x \in (a, b), \\ A, & x = b。 \end{cases}$$

不难验证，新定义的 $f(x)$ 在区间 $[a, b]$ 上满足罗尔定理的条件，于是罗尔定理的结论仍然成立。

下面仅证明$A = +\infty$的情形。

在 (a, b) 内任取点c，由于$f(a+0) = f(b-0) = +\infty$，则存在$\delta > 0$，使得$x \in (a, a+\delta)$ 及$x \in (b, b-\delta)$ 时有$f(x) > f(c)$。这就是说在闭区间 $[a+\frac{\delta}{2}, b-\frac{\delta}{2}]$ 上有最小值点ξ，且 $\xi \in (a+\frac{\delta}{2}, b-\frac{\delta}{2})$，从而 ξ 为 $f(x)$ 的极值点。由费马定理便有 $f'(\xi) = 0$。证毕。

注记2 如果"注记1"中开区间 (a, b) 为无穷区间，在相应条件之下，结论仍然成立。这里仅证明在$a = -\infty$，$b = +\infty$且A是有限实数的情形，其余情形类似讨论。

若$f(x) = A$，结论已经成立。若$f(x)$ 不恒为A，则$\exists c \in (-\infty, +\infty)$ 使得$f(c) \neq A$。不妨设$f(c) > A$。在$f(c)$ 与A之间任取实数r。由于$f(a+0) = f(b-0) = A$，从而在 (a, c) 与 (c, b) 中分别存在点a_1与b_1使得

$$f(a_1) < r < f(c), \ f(b_1) < r < f(c)。$$

又$f(x)$ 在 $[a_1, b_1]$ 上连续，则有最大值，且最大值点（记为 ξ）不会在 $[a_1, b_1]$ 的端点处取得，从而 ξ 为 $f(x)$ 的极大值点，由费马定理便有 $f'(\xi) = 0$。证毕。

三、关于罗尔定理的两个命题

如果罗尔定理的函数 $f(x)$ 不是常量函数（常数），则可以得到下述命题。

命题1 设非常量函数 $f(x)$ 满足下述条件：

（1）$f(x)$ 在闭区间 $[a, b]$ 上连续；

（2）$f(x)$ 在开区间 (a, b) 内可导；

（3）$f(a) = f(b)$；

则在 (a, b) 内存在三点 ξ, η, ζ 分别使得

$$f'(\xi) < 0, \ f'(\eta) = 0, \ f'(\zeta) > 0。$$

证明：$f(x)$ 在 $[a, b]$ 上满足罗尔定理条件，于是 $\exists \eta \in (a, b)$ 使得 $f'(\eta) = 0$；

由于 $f(x)$ 非常量函数，则在 (a, b) 至少存在一点 c，使得 $f(c) \neq f(a)$；不妨设 $f(c) < f(a)$，$f(x)$ 在 $[a, c]$ 与 $[c, b]$ 上都满足拉格朗日中值定理条件，故分别存在 $\xi \in (a, c)$ 及 $\zeta \in (c, b)$ 使得

$$f'(\xi) < 0, \ f'(\zeta) > 0。$$

证毕。

无论常量函数还是线性函数，其性质都较为简单。对于非线性函数 $f(x)$，将命题1可以进一步推广如下。

命题2 设非线性函数 $f(x)$ 满足下述条件：

（1）$f(x)$ 在闭区间 $[a, b]$ 上连续；

（2）$f(x)$ 在开区间 (a, b) 内可导；

则在 (a, b) 内存在三点 ξ, η, ζ 分别使得

$$f'(\xi) > \frac{f(b) - f(a)}{b - a}, \quad f'(\eta) = \frac{f(b) - f(a)}{b - a}, \quad f'(\zeta) < \frac{f(b) - f(a)}{b - a}。$$

证明：$f(x)$ 在 $[a, b]$ 上满足拉格朗日中值定理条件，于是 $\exists \eta \in (a, b)$

使得

$$f'(\eta) = \frac{f(b) - f(a)}{b - a}$$

令 $F(x) = f(x) - f(a) - \frac{f(b) - f(a)}{b - a}(x - a)$，由于 $f(x)$ 为非线性函数，从而 $f(x)$ 为非常量函数，又 $F(a) = F(b) = 0$，结合条件（1）与条件（2），由上述命题1，存在 $\exists \xi, \zeta \in (a, b)$ 分别使得 $F'(\xi) > 0$，$F'(\zeta) < 0$，即

$$f'(\xi) > \frac{f(b) - f(a)}{b - a}, \quad f'(\zeta) < \frac{f(b) - f(a)}{b - a}。证毕。$$

四、结论

尽管罗尔定理可以认为是拉格朗日中值定理的一个特殊情况，但其应用仍十分广泛。为了使得学生对其有着更加深入的认识与理解，本文对罗尔定理进行了注记。本文同时给出了两个命题，对罗尔定理进行了进一步阐述。

参考文献

［1］同济大学数学系. 高等数学（上册）［M］. 北京：高等教育出版社，2014.

［2］华东师范大学数学系. 数学分析（上册）［M］. 北京：高等教育出版社，2018.

［3］王海玲. 微分中值定理的推广及应用［J］. 长春理工大学学报，2003，26（1）：81-85.

［4］韩应华，等. 微分中值定理的推广及应用［J］. 内蒙古农业大学学报，2009，30（3）：207-212.

[5]赵晓辉，杨广武. 关于微分学中值定理的一些注解和新证法［J］. 河北北方学院学报（自然科学版），2019，35（9）：6-10.

[6]陈怡佳，张美玲. 拉格朗日定理的10个推广［J］. 玉溪师范学院学报，2019，35（6）：29-33.

[7]康晓蓉. 关于罗尔中值定理的几点注记［J］. 高等数学研究，2015，18（5）：55-56.

[8]赵凌燕，李宝毅. 罗尔定理的推广及其应用［J］. 天津师范大学学报（自然科学版），2016，36（4）：6-9.

[9]吴瑞华，吕川，吕炜. 罗尔定理应用技巧［J］. 高等数学研究，2020，23（5）：20-21.

[10]陈福松. 任意区间上连续函数的罗尔定理［J］. 廊坊师范学院学报（自然科学版），2015，15（3）：20-22.

华侨大学　数学科学学院

知行合一：旅游规划设计类课程教学体系构建的探索与实践①

王　芳②

摘　要：旅游规划设计类课程涉及旅游规划、城乡规划、生态规划、土地规划、景观设计、建筑设计等多门课程，具有宏观与微观、理论与实践、艺术与技术相结合的特征。尝试以知行合一作为旅游规划设计类课程教学体系构建的理念方法，形成前导课程、主干课程、辅助课程、实践课程四个层次序列，划分旅游理论基础、教学实践考察、规划设计制图与实验模拟测试四个知识模块，通过共享课程案例库、建设教学实践基地、实训旅游规划设计、搭建创新创业平台、完善教学激励制度等实施途径构建旅游规划设计类课程的教学体系，以期丰富与完善旅游规划设计类课程的教学资源，提高旅游规划设计类课程的教学质量，实现旅游创新型和复合型人才的培养目标。

关键词：旅游规划设计类课程；教学体系构建；知行合一

---

①　基金项目：福建省 2019 年本科高校教育教学改革研究项目"专业认证背景下创新创业教育与旅游专业融合改革研究"（FBJG20190108）。

②　王芳（1978—　），女，湖北随州人，副教授，博士，研究方向为旅游规划与景观设计。

随着文旅融合与大众旅游时代到来，旅游产业链条不断拓展，旅游行业竞争态势持续升级，旅游开发不仅需要科学合理的旅游规划，更需要景观设计进一步落实到空间地域上，规划设计不一定直接促使旅游项目成功，但没有好的规划设计旅游开发注定会失败。规划设计在旅游领域的应用越来越广泛，既涵盖宏观区域与流域的生态旅游规划，也有中观城市与乡村的旅游发展规划，还有微观景区与景点的景观设计等，无论是自然生态旅游、休闲度假旅游与历史文化旅游，还是城市旅游、乡村旅游与主题旅游，以及新兴的养生旅游、邮轮旅游与特种旅游等，各种类型旅游都离不开旅游规划与景观设计。应时代发展与市场需求，旅游相关的规划与设计课程教学亟须整合形成体系，以满足市场旅游规划设计复合型人才的需求。

一、旅游规划设计类课程概况及特征

旅游规划设计类课程涵盖了旅游规划、城乡规划、生态规划、土地规划、景观设计、建筑设计等相关课程的总体规划、详细规划与专项规划多门课程，它将策划创意与功能需求相结合，最终转化到空间地域中，具有宏观与微观、理论与实践、艺术与技术等特征。

（一）宏观与微观相结合

旅游规划设计对象是作用于宏观与微观不同层次尺度的空间地域，"大规划，小设计"，旅游规划设计类课程既有宏观区域的生态旅游规划，例如陈焱（2004）基于GIS的西部地区生态旅游规划体系研究[1]；也有微观景区的旅游景观设计，例如邹伏霞等（2007）基于场所依赖的旅游地景观设计[2]。课程体系从旅游规划到景观设计，尺度由宏观到微观，可操作性逐渐增强，将旅游规划与景观设计最终建设到旅游景区景点的空间地域上，形成可以让游客观赏体验多种空间尺度的旅游景观吸引物。

（二）理论与实践相结合

旅游规划设计依托文化学、人类学、伦理学、生态学、地理学、环境学等领域相关理论，构建一套系统的旅游规划设计理论体系[3]。这些理论应用于旅游规划设计中，解决旅游开发与生态保护的冲突，居民与游客之间的社会交换与交流、不同空间领域划分等系列矛盾与问题；而旅游者在旅游目的地旅游过程中，遇到的种种旅游现象与问题，也折射出旅游规划设计存在的问题，间接也需要理论引导。运用规划设计理论指导旅游开发与景观建设实践，在实践中通过现象与问题进一步提炼与升华理论，理论与实践相互融合，互促共长。

（三）艺术与技术相结合

旅游规划设计创造美的景观让游客体验，主要通过艺术审美法则，比如主景与配景，对比与协调，韵律与节奏，比例与尺度等，创造自然美、生活美、艺术美；同时由于旅游规划设计最终要落实施工，建设到旅游目的地上，因此需要工程技术，包括掇山理水、建筑经营，道路系统、植物造景等系列景观工程。只有艺术与技术相结合，才能凸显旅游吸引力，营造优美的景观环境。

二、旅游规划设计类课程教学存在的问题

当前旅游规划设计类课程分散于多门课程中，教学的系统性和整体性尚未形成。第一，旅游规划设计类课程层次序列混乱分散，每门课程基本上各自为政，课程之间先易后难顺序不清、基础与提升衔接不畅；第二，旅游规

划设计类课程知识模块定位不清晰，理论、实践、制图与实验等两两或多类杂糅在一起，例如实践与实验、实践与制图等常常不加以区分；第三，旅游规划设计类课程内容缺失或重复，例如旅游规划与城乡规划、生态规划、土地规划等均有部分内容重叠，城乡规划中的乡村规划又多是弱化或缺失，优秀规划设计案例多未形成公众共享资源；第四，旅游规划设计类课程实践实习落实不到位，规划设计应用性强，需要现场参观实践或单位实习，但因规划设计单位接纳实习生数量有限，集中实习有难度，分散实习效果又不佳；第五，旅游规划设计类课程规划设计制图基本功欠缺，包括手绘制图，计算机软件AutoCAD、Photoshop、Sketchup等电脑绘图软件的操作，地理信息系统GIS、遥感RS等专业制图基本功等，这些基本功的课堂教学时间远远不够，需要学生花费大量课外时间进行练习，并持续运用才能固化掌握，而学生课外练习的自觉性有限；第六，学生学习动力不足，或盲目自以为简单不认真对待，或无从下手又过于迷茫，未能正确地将旅游规划设计类课程与竞赛、考研、就业、创业、出国等长远目标进行对接。

三、旅游规划设计类课程教学体系构建的理念方法

在旅游规划设计类课程教学过程中，知与行（理论与实践）的关系始终是核心，从知行关系视角将旅游规划设计类课程教学方法一般归类为"知行并行—授受"式、"先知后行—应用"式、"先行后知—归纳"式以及"知行合———建构"式。知行合一是旅游规划设计类课程教学方法的选择趋势。"知行合———建构"式教学方法超越了在理论与实践两大要素之间徘徊的思维框架，把视点放到了基于综合能力培养目标的"理论与实践融合"的整体化思维中，通过引导学生围绕集理论与实践于一体的特定载体展开"做"的行动，以此达成学生综合能力的建构[4]。这种方法最典型的是以项

目为载体的项目教学法，例如以某个旅游规划项目为载体，或者以某类主题园设计为任务，都是规划设计类课程进行知行合一的教学优选方法。

四、旅游规划设计类课程教学体系整合的层次序列

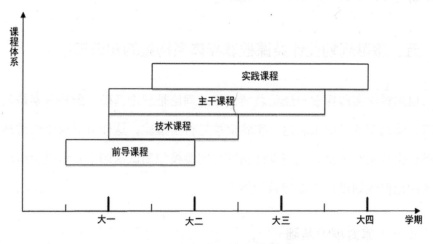

图1　旅游规划设计类课程体系

旅游规划设计类课程涉及"旅游资源学""地图测量学""旅游规划原理""城乡规划原理""景观规划与设计""生态学""土地利用概论""园林手绘""建筑基础""计算机专业制图""地理信息系统GIS""遥感RS""网络新媒体"等多门课程，这些课程全部或部分涉及规划与设计的理论与实践，教学过程中可将这些课程整合成一个理论内容丰富、层次序列清晰的旅游规划设计类课程体系，形成前导课程、主干课程、技术课程、实践课程等不同类别（见图1）。其中前导课程包括"旅游资源学""地图测量学"等，是旅游规划设计类课程的前期准备课程；主干课程包括"旅游规划原理""城乡规划原理""景观规划与设计""园林手绘""建筑基础"等，是旅游规划设计类课程必须要有的基础课程；技术课程包括"计算机专业制图""地理信息系统GIS""遥感RS""网络新媒

体"等，应用计算机等辅助手段优化旅游规划设计类课程体系；实践课程涵盖了各种规划设计实践以及毕业设计等，重要的旅游规划设计实践课程可以单独设课，部分旅游规划设计实践课程可穿插在理论课程之中，根据理论需要进行课程教学实践。旅游规划设计类课程教学体系的目标是创新思维，依照市场规律，重组并优化旅游资源配置，绿化与美化景观生态环境[5]。

五、旅游规划设计类课程教学体系构建的知识模块

根据教学实践探索与经验总结，旅游理论是理论基础，野外考察是教学实践，绘制图纸是成果表达，实验模拟是科学检验，这样可形成由旅游理论基础、野外实践考察、规划设计制图与实验模拟测试这四个知识模块组成的系统的旅游规划设计类课程教学体系。

（一）旅游理论基础

旅游规划设计涉及跨学科理论，依托文化符号学、旅游伦理学、文化人类学、景观生态学、人文地理学、环境心理学等相关学科以及交往空间理论、服务管理、可持续发展理论、非物质文化遗产等相关理论，分别构建旅游规划的文化符号体系、旅游伦理体系、特质文化体系、生态网络体系、交往空间体系、服务管理体系等，构建一套系统的旅游规划设计理论体系。旅游规划设计类课程教学体系应涵盖这些旅游规划设计理论基础，作为旅游规划设计的理论指导与理论支撑。在教学实践中，这些旅游理论基础部分可以与"旅游规划原理""城乡规划原理""生态学""景观规划与设计"等课程进行对接，例如"旅游规划原理"中的区位理论、旅游地生命周期理论等，"城市规划原理"中的建构主义理论、符号学理论等，"生态学"中的斑块、廊道与基质的模式原理，"景观规划与设计"中的自然设计原理、场

所理论等，教师可根据教学需要对相关理论进行扩展补充与完善。

（二）教学实践考察

教学实践考察是将学生所学的理论知识应用于实践并转化为综合能力的关键教学环节，可加深对旅游规划设计理论知识的理解与掌握，增强学生对规划设计工作的适应能力[6]。根据教学实践经验，旅游规划设计类课程体系教学实践一般包括三个主要环节：认知实践、专业实践和生产实践，这三个旅游规划设计实践教学环节应融为一体，实行有效统筹，形成一个相互关联的有机整体，通过循序渐进的实践过程增强学生实际动手能力和实践操作能力，满足市场对旅游规划设计毕业生的实践能力的需要。认知实践调查一般包括旅游城市、乡村旅游、旅游区等旅游目的地的空间尺度感知、旅游吸引物感知、旅游服务感知、旅游资源调查与评价等短期实习，主要对其优缺点进行分析评价，并提出改进对策，通过小组调研报告形式呈现成果，促进学生在现实生活中观察分析问题和解决问题能力；专业实践则是带着旅游规划与景观设计任务进行现场实地考察，从旅游需求和旅游供给着手，进行区位交通优劣势分析、旅游资源调查与评价、旅游市场调查与分析、旅游产品策划与创新、旅游环境评价与分析、旅游景观创意设计，完成旅游总体规划、详细规划、生态、土地、植物等专项规划，并通过图纸形式呈现出规划设计成果，锻炼学生旅游规划设计专业能力；生产实践包括到规划设计院、规划局、景观设计公司等实际运营部门进行3-6个月的长期实习，也可采用工作坊制度形成长期机制分散实习，促进学生参与旅游规划设计项目实践，并与就业相衔接，为学生毕业设计提供适宜的实际课题支撑，通过实习鉴定与毕业设计形式呈现成果，锻炼学生将旅游规划设计理论应用于实践的综合能力。

（三）规划设计制图

规划设计制图是将规划设计者的思维创意、观点想法通过专业图纸形式呈现出来，一般包括手绘制图和电脑制图两种方式。手绘制图多运用于方案策划阶段，表达规划设计师的设计意图与创意理念，一般是旅游规划设计的方向，多源于生活，高于生活，又极易转瞬就忘，需要将其精神概略转化到图纸上，可与"园林手绘""景观规划与设计""旅游规划原理""城乡规划原理"等课程进行对接。电脑制图多采用AutoCAD、Photoshop、Sketchup等绘图软件，通过电脑画出线条图、平面渲染图和三维建模图，使绘图效果专业表现力强，形象生动逼真，即使是非专业人士也能清楚理解规划设计者的意图，可采用"计算机专业制图"课程与之对接；同时规划设计分析图，包括坡度分析图、高程分析图等，可与"地理信息系统GIS""遥感RS"课程对接；此外，规划设计演示与汇报可通过"网络新媒体"等课程以PPT、动画等网络技术进行逼真展现与演示。

（四）实验模拟测试

旅游规划设计类课程体系多属于应用型课程，但不应仅仅停留在应用层面，应该采用实验模拟测试手段进行科研数据收集，夯实旅游规划设计类课程体系的科学依据。教学时可充分利用旅游实验室的虚拟仿真实验、眼动实验、EPR脑电实验、GIS遥感实验、GPS实验等实验室仪器设备，进行旅游规划设计的科学研究。教学过程中利用虚拟仿真实验模拟自然与人文景区，让学生在实验室仿佛置身于旅游景区环境之中，降低调研考察成本；利用眼动实验对旅游景观视觉质量进行评价[7]，对旅游解说系统效果[8]、旅游广告受众效果[9]、旅游地图[10]等旅游规划设计要素进行探索；利用ERP脑电实验游客对异质旅游景观的差异反应[11]，为旅游景观规划设计提供游客需求；利用GIS遥感进行旅游项目规划设计前期的高程、坡度、坡向等场地分析，尤其在生态旅游规划中应用广泛[12]；利用GPS追踪游客旅游时空行为，规划设计游客合理旅游线路等[13]。例如华侨大学旅游学院依托其所拥有的国家实验室示范中心和国家虚拟仿真实验中心，将旅游规划与景观设计采用多种仪器设备进行科学实验，使教学与科研相互有效促进，为课程教学与学术研究做出重大贡献。采用实验方法对旅游规划设计进行科学研究，也是当前旅游研究的热门方式之一，为旅游规划设计类课程体系提供科学依据。

总之，旅游规划设计类课程教学体系中，旅游理论基础、野外实践考察、规划设计制图与实验模拟测试这四个知识模块既相互衔接，又相互融合，形成创新型、应用型和综合型的旅游规划设计类课程体系。

六、旅游规划设计类课程教学体系实施的策略途径

旅游规划设计类课程教学体系构建不仅在于整合旅游相关的规划与设计类课程教学资源，更在于根据旅游发展与市场需求进行动态调整，优化与提高旅游规划设计类课程的教学质量，培养满足市场需求的创新型和复合型旅游规划设计人才。根据教学实践与经验总结，旅游规划设计类型课程教学体系实施的策略途径主要包括以下几个。

（一）共享课程案例库

旅游规划设计类课程体系建设过程中，案例库建设至关重要。需要不断积累和沉淀旅游规划、城乡规划、景观设计等多种类型的规划设计案例，这些案例可以是实际规划项目成果，也可以是规划设计竞赛作品，或是历年学生优秀毕业设计作品与优秀规划设计作业，或是规划设计书籍与网站搜集的资料，将案例分门别类整理好，并对其优缺点进行点评，作为案例资源进行

教学共享，为学生着手进行旅游规划设计提供参考借鉴案例资料。必要时将其整理成旅游规划设计案例书籍公开出版，形成公众共享资源。

（二）建设教学实践基地

旅游规划设计类课程体系实践应用性强，教学实践基地建设至为关键。旅游规划设计类课程体系教学实践基地一般包括校内实验基地与校外实习基地。校内实验基地建设包括虚拟仿真实验、眼动实验、ERP脑电实验、GIS遥感实验、GIS实验、计算机专业制图实验、园林手绘实验、GPS仪器等，提供相应的设备仪器与实验场地。例如华侨大学旅游学院实验室正在着力建设"深度参与+情境沉浸"的实验教学模式、"创设情境+实战演练"虚拟仿真实验教学应用平台和"开放实验+应用项目"创新实践平台[14]，正好也能满足旅游规划设计类课程设置需求。校外实习基地包括旅游规划设计短期认知实习基地、中期专业实习基地、长期生产实习基地。短期认知实习基地可以定点，也可以根据需要随时改变；可以是典型旅游区，也可以是典型的旅游城市或旅游乡村。例如华侨大学旅游学院选择世界文化遗产地鼓浪屿与国际旅游岛平潭岛作为短期认知实习基地。中期专业实习基地选择较为慎重，一般需要满足旅游发展的各种特质，存在多种现实问题，可通过规划设计进一步优化提升的综合性地块。例如华侨大学旅游学院选择世界双遗产旅游地武夷山，将武夷山下梅古村落和五夫古城镇作为旅游规划设计定点的中期专业实习基地。长期实践基地是规划设计院、规划局、设计公司，并且要与其保持长期持续的联络，定期输送实习的学生，为学生就业提供实习准备。例如华侨大学旅游学院与厦门城市规划设计研究院、厦门建盟设计集团、泉州云旅集团等多个规划设计单位签订协约，形成定点的长期实习单位。同时根据学校旅游规划设计资源，条件允许的话，可采取工作坊制度形成长期机制的分散实习。

（三）实训旅游规划设计

旅游规划设计实训是旅游规划设计类课程相关知识的综合应用，强化学生对旅游规划设计的基本理论知识的理解和对基本技能的掌握，包括手绘制图的基本训练、计算机专业制图的基本技能、信息处理和数据分析技能、专业综合业务处理技能、模拟软件操作技能等。例如华侨大学旅游学院在旅游规划设计教学实训过程中，通过理论基础、案例分析、实地考察后，要求学生对任务场地进行规划设计制图，作品成果形式除规划设计图纸外，融入模型制作、实体展示等多种表现形式，然后教师对作品成果进行点评反馈，使得规划设计课程体系整套流程清晰呈现在学生面前，通过旅游规划设计实训实现专业理论知识和创新创业能力训练的有机结合，有效地使学生将所学理论知识转化为对实际问题的分析和解决能力，培养学生的综合设计能力、实践动手能力与就业竞争力。

（四）搭建创新创业平台

一般旅游规划设计创新要求高，但创业投资低。搭建旅游规划设计创新创业平台，使学生综合运用所学的专业理论和方法技能，在旅游实际项目中对进行旅游规划设计进行实战演练；同时借助创新创业平台，在虚拟旅游环境中，对真实旅游活动中无法验证的创新实验、创业想法等，通过该平台进行预演、分析和研究，为旅游规划设计竞赛、创新创业大赛、科创项目、就业培训和模拟创业提供支持。在条件成熟时，在教师或专家指导下真正进行创业。例如华侨大学旅游学院专门设置创新创业竞赛，以旅游规划、城市更新、社区营造等系列主题搭建创新创业平台，培养学生的自我学习能力、职业发展能力和创新创业能力。

（五）完善教学激励制度

保障旅游规划设计类课程教学体系有机高效运转，离不开科学合理的教学激励制度。华侨大学旅游学院旅游规划设计类课程体系采取了系列教学激励制度。例如建立旅游规划设计课题模拟评审制度，让学生感受规划设计评审的严肃性与批判性；"科研引入本科生课堂制度"，以科研促进教学，提升旅游规划设计的科学性；实行"顶岗实训制度"，规定3—6月在规划设计企业进行生产实习，训练学生旅游规划设计综合素养；实行"师徒制"，鼓励教师以规划设计项目带动学生参与旅游实践活动；采取"以赛促学"，鼓励学生积极参加国内外各种旅游规划或景观设计竞赛，促进学生主动思考与团队合作；采取"生产实践与毕业设计挂钩"，为学生毕业设计提供适宜的实际课题支撑；建立教学、科研和社会服务"三位一体"的教学模式，使旅游规划设计类课程体系整合多方资源，获取多赢效应。在旅游规划设计课题体系教学过程中，应采取刚性与弹性相结合教学激励制度，针对教学实践中不断出现的问题进一步动态调整优化教学管理制度。

此外，旅游规划设计分散于多门课程中，为了保证旅游规划设计类课程体系的系统性和整体性，各门课程在教学过程中需要加强相互交流与配合，保质保量完成各自课程需要完成的旅游规划设计教学内容，避免重复与缺漏。

七、结束语

后工业化和产业转型时期，文化与旅游融合发展，全域旅游与大众旅游盛行，旅游规划设计不仅考虑物质空间规划设计，更注重使用者"人"的需求；不仅注重规划设计理想蓝图，更注重规划设计动态过程，旅游规划设计不只是"纸上画画，墙上挂挂"，最终是要真正落实到旅游空间地域上，产生相应的经济效应、社会效应和环境效应，为人类福祉提供服务。相应地，旅游规划设计类课程体系涉及的旅游类型广泛、学科背景复杂、规划设计理论抽象深刻，因而该课程体系对教师的理论素养要求高，对学生的理论应用能力要求也高，这使旅游规划设计类课程教学体系应遵从知行合一理念，面向国际（与国际接轨）、面向市场（切合市场需求）、面向未来（长远和可持续发展），不断进行动态更新与优化调整，提高其科学性与综合性，以满足市场对创新型与复合型的旅游规划设计人才需求。

📚 参考文献

［1］陈焱. 基于GIS的西部地区生态旅游规划体系研究［D］. 东北林业大学：1-112.

［2］邹伏霞，阎友兵，王忠. 基于场所依赖的旅游地景观设计［J］. 地理与地理信息科学，2007，23（4）：81-84.

［3］陈谨，马湧，李会云. 文化景观视角的旅游规划理论体系：要领、原理、应用［M］. 成都：四川大学出版社，2012：106-107.

［4］张国红. 走向知行合一：中职专业课教学方法研究述评［J］. 中国职业技术教育，2012（26）：16-20.

［5］郭来喜. 中西融通互鉴加快旅游规划体系建设［J］. 国际城市规划 2000（03）：1.

［6］严少君，俞益武，方躬勇. 旅游规划设计专业实践教学体系构建初探［J］. 科技创新导报，2007（36）：111-112

［7］郭素玲，赵宁曦，张建新，等. 基于眼动的景观视觉质量评价——以大学生对宏村旅游景观图片的眼动实验为例［J］. 资源科学，2017，39（6）：1137-1147.

［8］高峻，吕玥仙．基于眼动分析的黄山户外环境解说展示效用评价［J］．旅游科学，2018（32）：42-53.

［9］郑丹，蒋玉石，张伟．任务导向和内容对网络旅游横幅广告受众的眼动影响［J］．西南交通大学学报（社会科学版），2013，14（6）：65-69.

［10］黄潇婷，李玟璇，闫申．旅游地图眼动行为模式研究［J］．旅游学刊，2018，33（10）：93-102.

［11］李轲，恭忱．脑电技术在游道景观差异性分析中的运用［J］．中南林业调查规划，2015（2）：34-38.

［12］刘芳．GIS在王朗自然保护区生态旅游规划中的应用研究［D］．北京林业大学：1-84.

［13］黄潇婷，李玟璇，张海平，等．基于GPS数据的旅游时空行为评价研究［J］．旅游学刊，2016，31（9）：40-49.

［14］张艳，王剑，邓辉，等．旅游规划设计实验室建设［J］．实验技术与管理，2017（6）：238-242.

华侨大学　旅游学院

父爱到务实：马来联邦时期的
马来人教育政策演变①

刘晓凤

摘　要： 英国对马来联邦进行殖民统治之时，认为自身负有对马来人的教育责任，出于父爱对马来人实行马来语教育，马来人优先，但事实上造成马来人在殖民经济中的劣势，面对马来人向上流动的愿望，殖民政府从务实的角度出发，试图通过职业教育为马来人在经济中谋得适当位置，纾缓马来人的不满。教育孕育了马来民族主义的产生发展，马来西亚独立后，依然延续英国殖民政府的教育理念。

关键词： 乡村实验田课程；手工与编织技艺；女童教育

马来联邦作为英国的殖民地，包括霹雳、雪兰莪、森美兰、彭亨，英国殖民政体存续期为1895—1946年。国内外对马来联邦时期的教育政策研

――――――――――
① 基金项目：中国高等教育学会"地方大学改革发展重大理论与实践问题研究"专项课题"地方'双一流'高校科技创新能力的识别、影响因素及提升机制研究"（21DFD02）；湖北经济学院研究生教育优秀教学成果培育项目"财经类高校专业硕士应用型人才培养的双轮驱动模式研究"（2020002）；湖北经济学院研究生教育优秀教学成果培育项目"财经类高校专业硕士应用型人才培养的双轮驱动模式研究"（2020002）。

究主要有四个方面。一是教育政策的缘起，Heussler（1983）认为政府提供教育服务是为增进大众福利，让人们更好地适应社会环境[1]。Radcliffe（1970）指出英国殖民政府发展教育主要是为培养职员，且英国殖民政府认为自身有责任负担起马来人的基础教育责任[2]。政府无视华人的教育，华人自己办自己的教育，后来政府为了加强对华人教育的监管，引入学校注册制度，并对注册的学校提供财政资助[3]（Krugman，1994）。政府也不管印度人的教育，但后来要求种植园为劳工子女提供教育服务[4]（Han，2008）。二是教育政策的内容，面向普通马来人的教育体系是四年制的，有的地方有五年制的教育，继续教育为教师教育，为初等教育培养师资力量[5]（Chai，1957）。面向马来贵族的英语教育体系较为完整，有初等、中等和高等教育[6]（Seng，1975）。华人和印度人的教育体系主要是初等和中等教育[7]（Winstedt，1933）。许多学者对教育的课程、语言、学费、师资、财政支持进行了探讨（Gill[8]，2005；Fishman[9]，1968；O'Brien[10]，1980）。三是教育政策的效果，Wong和Hean（1980）认为英语教育的主要受益人是华人与印度人[11]。原因是英语学校主要坐落于城镇，华人和印度人也主要居住于城镇地区，而主要居住于农村地区的马来人上学就非常不便[12]（Furnivall，1943）。四是教育政策的影响，殖民政府实施的基础教育、教育世俗化，英语教学，设置手工艺技能课程等，推动了马来联邦教育现代化与社会进步（张晓昭、孙忠宝[13]，2009；Purdom[14]，1931）。Ratnam（1965）指出教育激发了人民的民族主义，孕育了反抗殖民统治的思想[15]。

上述研究成果，有助于了解马来联邦时期教育政策的发展演变，但教育政策究竟如何兴起，是已有教育政策的简单承继，还是加以改良，抑或英国教育政策的拿来主义，与马来联邦的教育发展、英国本土教育政策的关系仍有待进一步探讨。诚然，教育政策的存在，服务于英国的殖民统治，也推动了马来联邦教育的发展，经济社会的进步。但教育政策毕竟涉及受教育者，受教育者从教育中获益几何，反响如何，及对马来西亚今天的社会有何影响，都需要进一步探究。本文以相关研究成果为基础，探究马来联邦时期教育政策转变，厘清教育政策的演变与教育目标塑造、政策价值取向的相互关系及影响，进而展现马来联邦时期教育政策演变的内在因果关系。

一、马来联邦时期教育政策父爱形象的塑造

殖民政府对马来人有着强烈的保护欲望和家长式情感，认为有义务对马来人进行道德教育与限制英语教育，这实质上是让普通马来人安于现状，安分守己地接受殖民政府的安排，维护英国殖民政府的统治，从而让英国能够从马来联邦源源不断地攫取利益。教育政策父爱主义的内涵就是不断以父爱的名义，出台各种有利于英国殖民政府统治的教育政策。政府的教育政策集中于语言培训、高等教育、伊斯兰教、历史教育、手工与编织技艺、女童教育。教育政策父爱主义的外延就是在教育政策中，给予少数人精英教育的好处，而对普通马来人则施与初级教育。

英国殖民政府采取有限英语政策，只有面向马来贵族子女的学校采用英语教学。1904年后，马来联邦政府对英语教育进行扩围，允许马来语学校的学生通过选拔进一步接受英语精英教育，如设在霹雳邦瓜拉江沙的马来学院。教会学校虽然教授英语，但不鼓励教会学校吸引马来学生，普通马来人很难接受英语教育。

对普通马来人进行马来语教育，规定马来学生必须上四年的马来语学校，依赖政府资助上学的家庭就要遵守这个要求，四年的马来语教育要求让这些家庭的子女很难上英语学校，因为许多马来学生在上完四年的马来语学校后，就得全时工作贴补家用，而且在农村地区很少有英语学校。1913

年，霹雳地区的村民向霹雳政府提出在村里修建英语学校，但政府拒绝了这个请求。

高等教育主要面向马来贵族子女。政府文职官员培训学院、1915年时政府建立的法学院、1928年政府支持建立的爱德华七世医学院，主要招收马来贵族子女，马来贵族子女还可以通过诸如英国女王奖学金等项目上英国大学。

英国管理者对马来历史课程进行审查，确保教学内容不扰乱马来学生感情，不会影响他们的心智。1925年时政府主张取消历史考试，不把复杂的神话和历史事件灌输给马来学生。教授地理，传授简单的自然科学知识，帮助马来人了解世界概况，但反对向马来人讲授过多的欧洲生活方式、世界地理和历史。

复兴手工艺、支持农业活动，强调马来农村教育的文化和实用面，认为马来语教育的课程要包括捕捞、狩猎、农业、编织和烹饪。马来人学习手工艺技术，锻造铜、银、金等，做木工活，或制作弓箭、纺布、蜡染、银饰制作等，既可以保护马来传统工艺，也可以让马来人从事手工艺品的生产，来迎合社会需要，打开东南亚市场。

政府致力于推动女童教育，不仅提高了女性的经济地位，还可经由女性教育在家庭中引入西式生活与卫生习惯，传播西方的礼貌、智慧、工作伦理，培养后代对英帝国的拥护爱戴之情[16]。

二、强制到妥协——经济大萧条引发的形象演变

在对马来联邦的教育体系进行改革时，英国殖民政府继续限制农村马来人接受英语教育的机会，政府阻挠马来人的创建现代殖民地、提高生活水平的需求的实现，压制马来人更多的自治权和社会流动性、分享殖民体系利益

与权力的要求。

政府鼓励普通马来人接受生活的现状、维持殖民社会的均衡，马来人在接受四年的马来语教育后，才可接受初级英语教育或自己支付学费就可直接接受初级英语教育。政府不仅限制英语教育，还压制已经接受英语教育的学生的社会流动愿望。教导学生要接受由于出身和个人缺陷所引起的社会不公平，除了政府所赋予的权利外没有真正的人权。没有人是真正自由的，所有的人都是不平等的。低等族群要接受高等族群的帮助，而不是挑战已有秩序。

英国自由贸易政策让马来人能以富有竞争力的价格销售鱼产品、农产品和橡胶，英国轮船、公路、铁路带来马来交通的进步，英国技术带来新型耕作方式，推动着马来经济的发展。马来经济的发达并不要求马来人放弃农业。政府的最终目标是在现有经济体系中改善马来人生活，但不愿马来人移居到城市与亚洲人、印度人和华人在经济领域竞争。

经济大萧条时期，政府从经济角度和殖民地管理的需要出发，逐步削减马来教育开支，推行成本较为低廉的马来语教育，学生如果想获得进一步的发展，可以接受职业教育，以迎合殖民经济的发展需要。这样就可以避免知识分子失业的潜在威胁，又向马来人提供更多经济机会，增加经济效益。但这种教育政策只是强化各民族传统的社会角色，马来人就是农业劳动者，加上这一观点并未得到马来人的认同，马来人迫切希望接受西式教育，以获得看得见的进步，马来语教育、职业教育不受欢迎。殖民政府在大萧条后的经济社会影响力比大萧条前有所下降。

当地人民希望通过英语教育获得向社会上层流动的可能性。而殖民政府希望维持社会阶层界限分明的现代殖民地。马来人的现代化和社会变革愿望在1930年代末体现在独立和民族主义上。

政府认为进步是当地社会不可阻挡的力量，是现代殖民地与传统文化冲突潜在风险的弱化。政府试图减轻大萧条的影响，部分满足当地人对更高层次教育的渴望，增加上英语学校的马来人的奖学金，略增英语学校的马来人学位数额，增加已受教育者的就业机会，政府也担心马来知识分子团结起来发展为民族主义团体[17]。

三、发展职业教育——英国殖民政府教育政策的务实选择

在经济大萧条发生的1929年，英国殖民政府着手处理教育相关的复杂问题。为应对经济危机，政府想方设法削减教育开支，但还得面对当地人民对英语教育热情高涨的需要，既要提高殖民经济效率，又要避免政治动荡。这时的教育政策更多地体现了殖民政府务实的一面。殖民政府在这一阶段大力发展职业教育，经由职业教育给当地人民带来实用技能，满足市场的劳动力需要。政府希望通过职业教育的发展解决由于经济大萧条引发的白领失业问题，缓解人们获取更多收入和移居到城市的渴望，经由复兴手工艺传统为马来人找到合适的工作岗位。

1936年的政府报告指出，要更好地满足马来人的利益，以维持现有的政治社会结构。继续改进马来语教育，增加其实用性，一方面增加职业教育，另一方面提高职业教育的有效性。职业教育要根据学生所在社区的共同利益，充分挖掘每个在校生的潜力。政府支持马来语学习调整课程设置，满足当地需要，以实现经济稳定与社会和谐。1936年，政府教育预算的2.5%都用于职业教育，但只有18%的马来学生上职业学校。政府还希望学徒学校能承担一部分职业教育的成本，学徒学校通常是特定行业为培养本行业劳动力而设立的，由行业提供资金支持。政府发展职业教育是希望马来人能够掌握特定技能，获取相应收入，来维持家庭开支并把这一技能传给后代[18]。

为了推动职业教育的发展，帮助马来人更好地谋生，振兴殖民经济，政府印发就业指南和手册，指导学生如何一步一步地找工作，指南包括各岗位

的基本教育要求和技能要求，有用人需求的私人公司和行业，政府岗位，可填写求职申请的指导。1939年马来就业指南中有特定政府部门的工作岗位，如职员服务，森林部、博彩部、电力部、殖民军队等[19]。还有商业公司的员工招聘职位，这样就更加符合政府推动职业教育与私人企业密切挂钩的意图。招聘企业中的海外华人金融公司，联合工程公司，新加坡冷藏公司，现在还在经营。指南中还说明需要的专业、工作职责和需要的学历资质。大多数岗位符合殖民经济的发展需要，如一个地方贸易海运公司，需要招聘的职位有注册秘书，注册检察员、会计、建筑师以及一些工程师。但指南中没有高级的专业职位，如律师、医生等。当地社会成员想找的高级专业职位，通常都在精英学校招聘，如维多利亚学院，指南中提供的岗位主要面向普通马来人。

四、结语

英国不断对马来联邦进行教育政策的调整，以更好地适应殖民政府的统治需要，保护马来文化传统和古迹，着力向苏丹统治阶层宣传英马综合身份意识，用传统文化支持苏丹统治阶层，宣扬殖民政策的合理性，但只赋予马来贵族精英名义上的统治权，实际权力仍掌握在英国人手中，实行间接统治的政治体系，通过苏丹有效地维持政治稳定，英语教育仅限于马来贵族精英，以保持界限分明的社会阶层和经济均衡[20]。

英国殖民政府对上英语学校的种种限制，不仅为了节约资金，还为只把有用的知识传授给政府认为值得的人，马来贵族精英和非常认同西方文化的普通马来人，不会背叛与他们的经济文化紧密交织在一起的殖民体系。这种英语教育的限制政策和喜欢英语教育的马来人公然回避传统文化，引起民主主义群体以及经济上受压制的人群的反击。学生在英语学校不仅学习语言，世界观也转向英国，学习英国历史、英国地理，很少学习马来自己的历史和地理。在英语学校，马来语只对高年级学生讲，但不受学生的欢迎，因为英语才是更高社会地位的象征。马来语是低级语言，小贩或流浪汉才说马来语。有意识的文化转换就是为了获得比普通人更高的社会地位。个人的英国风格反映了其社会地位，西化的精英阶层被视作民族主义的对立面。

马来人不得不做出选择，是为了改善生活而完全融入英国殖民体系中，还是冒着经济上全然失败的危险而保持现状。选择进步的道路，还是支持传统文化，影响着个人身份意识的塑造和民族主义的产生。

大萧条时期是马来联邦巨变的时期。殖民经济的现代化和本土英国的文化融合，在20世纪30年代成为现实。殖民政府依然在贵族精英和农村马来人间实行阶层隔离的制度，英语教育优先提供给马来贵族精英，向农村马来人提供马来语教育，保持其农业劳动力角色。政府为安抚农村马来人的社会流动愿望发展职业教育帮助农村马来人在经济社会立足。许多农村马来人种植橡胶贴补收入，因为经济大萧条引发橡胶价格下跌，损害了农村马来人的经济利益。资本主义与殖民地偏远地区社会的结合，造成大规模的人口从农村向城市迁徙，以获取更多潜在的经济利益。殖民政府不希望出现这种人口迁徙，让农村马来人继续传统的经济角色，但是殖民地的年轻一代极其渴望获得更大的个人自由，不惜以忽视或消灭本民族文化传统为代价，进而出现了民族主义。政府为安抚马来人民族主义团体，实行马来人优于华人、印度人、泰米尔人的政策，比如保留地政策、马来人奖学金政策，但华人社团的壮大，在20世纪30年代引发了更极端的民族主义。马六甲、槟榔、新加坡出现了马来人联盟，1937年苏丹伊德里斯师范学校的毕业生成立了更为激进的马来青年联盟。马来青年联盟致力于提升社会底层的地位，不与政府或其他民族主义团体结盟。尽管在20世纪30年代马来民族主义兴起，但这些民族主义团体没能联合成一个强有力的实体，在第二次世界大战前不具备实力挑战英国殖民政府或苏丹的地位。

20世纪30年代，英国殖民政府面对着马来较为温和的去殖民化运动。马来参加民族主义运动的人数不多，不那么动荡，这要归功于英殖民政府通过苏丹所施行的间接统治带来的宗教与文化稳定性。政府希望通过教育农村马来人掌握基本的西方工作技能、了解自身的文化、历史与语言，推动崭新的现代马来亚的诞生，并经由苏丹伊德里斯师范学院的毕业生发扬光大。这些毕业生上过马来语学校，从苏丹伊德里斯师范学院毕业后成长为注册马来语教师，这些教师向马来人后代教授西方编制的马来西亚历史、罗马化马来字母。这些教师二战前后在推动马来人独立中起到了一定作用。事实上，英国从马来历史、诗歌、语言、乡土马来人的性格中形成的马来文化传统的概念及苏丹体系，都被马来民族主义领导人拿来用于构建马来国家民族团结的理念。

马来西亚民族团结是英国殖民政府所激发的马来人身份感的延续，这种文化认知完成后，马来政治领导人就努力通过简化的国家民族身份，构建共同的政治诉求，继续强化英国殖民政府的理念，在新国家的多元社会中，接着实施马来人优先、赋予马来人特权的政策。

参考文献

［1］ROBERT HEUSSLER. British Rule in Malaya: The Malayan Civil Service and Its Predecessors, American Historical Review, 1867–1942［M］.Westport: Greenwood Press, 1981: 1–84.

［2］DAVID JAMES RADCLIFFE. Education and Cultural Change among the Malays, 1900–1940［M］. Madison: University of Wisconsin, 1970: 70–74.

［3］ PAUL KRUGMAN. The Myth of Asia's Miracle［J］. Foreign Affairs,

1994, 73 (6) : 62–78.

[4] LIM PENG HAN. Elementary Malay Vernacular Schools and School Libraries in Singapore under British colonial Rule, 1819–1941 [J] . School Libraries Worldwide, 2008, 14 (1) : 72–85.

[5] LEE AH CHAI. Policies and Politics in Chinese Schools in the Straits Settlements and the Federated Malay States, 1786–1941 [M] . Kuala Lumpur: University of Malaya, 1957: 47–80.

[6] PHILIP LOH FOOK SENG. Seeds of Separatism [M] . Kuala Lumpur: Oxford University Press, 1975: 2–3.

[7] RICHARD WINSTEDT. Outline of A Malay History of Riau [J] . Journal of the Malayan Branch of the Royal Asiatic Society, 1933, 11 (2) : 157–160.

[8] SARAN KAUR GILL. Language Policy in Malaysia: Reversing Direction [J] . Language Policy, 2005, 4 (2) : 241–260.

[9] JOSHUA FISHMAN. Nationality Nationalism and Nation-Nationism, Language Problems of Developing Nations [M] . New York: John Wiley and Sons, 1968: 39–52.

[10] LESLIE O'BRIEN. Education and Colonialism: The Case of Malaya [J] . Journal of Sociology, 1980, 16 (2) : 53–61.

[11] FRANCIS WONG & GWEE YEE HEAN. Official Reports on Education: Straits Settlements and the Federated Malay States, 1870–1939 [M] . Singapore: Pan Pacific Book Distributors, 1980: 164.

[12] JOHN SYDENHAM FURNIVALL. Educational Progress in South-Eastern Asia [M] . London: Oxford University Press, 1943: 111.

[13] 张晓昭, 孙忠宝. 两次世界大战之间英国在新加坡的教育政策//纪念《教育史研究》创刊二十周年论文集（17）——外国教育政策与制度改革史研究

［C］．2009（9）：1093–1098.

［14］NEAL PURDOM. Needlework and Craft Instruction in Malay Girls' Schools［J］. Overseas Education, 1931, 2（4）：172–178.

［15］RATNAM KAMAL. Communalism and the Political Process in Malay ［M］. Kuala Lumpur: University of Malaya Press, 1965: 125.

［16］FRANCIS HOY KEE WONG & EE TIANG HONG. Education in Malaysia ［M］. Kuala Lumpur: Heinemann Education Books Ltd., 1975: 44.

［17］BETRAM SCHRIEKE, SCHRIEKE ed. The Effect of Western Influence on Native Civilisations in the Malay Archipelago［J］. Batavia, Java: G. Kolff & Co.Press, 1929: 129.

［18］HENRY CHEESEMAN. Report on Vocational Education in Malaya, Straits Settlements Reports［M］. Singapore: Government Printing Office, 1938: 125.

［19］The Education Depts. of the Straights Settlements and the Federated Malay States. Careers in Malaya: A Guide for Parents, Teachers, and Pupils, Kuala Lumpur: Federated Malay States Government Press, 1939: 7–8.

［20］REYNALDO ILETO. Religion and Anti–Colonial Movements, Cambridge History of Southeast Asia Vol. Two, Part One［M］. Cambridge: Cambridge University Press, 1992: 226.

湖北经济学院　财政与公共管理学院

澳门教育团体的现况、特点、意义与发展

高胜文[①]

摘　要：历史上，澳门教育团体众多，不同的教育团体均对澳门教育做出了巨大的贡献。随着澳门积极参与"一带一路"倡议及粤港澳大湾区的建设，教育发展正面临现代化与社会转型的挑战，教育团体的地位与作用显得尤为重要。为此，本文对澳门教育团体的现况及特点进行分析、探讨其意义，并就教育团体的发展趋势，提出一系列可行的发展建议，以进一步推动澳门教育团体的发展。

关键词：澳门；教育团体；非高等教育；高等教育；社团

一、前言

目前，澳门各教育阶段，均是以私校为主，公校为辅。其中，私校办学

---

① 高胜文，行政学博士、心理学硕士、管理学学士。非浪漫主义作家、跨领域学者，从事社团社会服务及学术研究工作多年，现任国际（澳门）学术研究院院长、华侨大学粤港澳人才战略研究所所长，研究方向涉及音乐、体育、教育、心理、文学、历史、艺术、粤港澳大湾区、"一带一路"倡议、国际关系、社会、经济及管理等人文社会科学多个领域。

实体是多元的，有天主教办学团体、基督教办学团体、佛教办学团体、华人社团办学团体等，呈现多元化的教育局面。回顾澳门教育史，中西方教育团体[①]均对澳门教育做出了巨大的贡献，在澳门教育事业占据越来越重要的地位。

近年，澳门各级教育不断扩招、教育规模不断扩大以及教育大众化进程不断推进，教育质量问题成为人们越来越关注的重点问题。有学者认为，影响教育质量的因素是众多的，也是复杂的，有较长期的因素，也有偶然的因素，如教育行政部门、教师、学校教学管理、家庭环境、学校周边环境、生源、师生情感等[②]。然而，很多学者却忽视了一个影响教育质量的因素——教育团体。

澳门积极参与"一带一路"倡议及粤港澳大湾区的建设，正结合教育业，继续发展会展业、金融业、中医药业及文化创意产业，以进一步推动经济适度多元发展。可见，教育发展正面临现代化与社会转型的挑战，因此，对澳门教育团体的现况及特点进行分析、探讨其意义，并就教育团体的发展趋势提出一系列可行的发展建议，是非常值得澳门相关人士共同参与探讨和研究的。

二、澳门教育团体现况分析

目前，澳门教育及青年发展局负责澳门各级教育，而澳门教育主要分为非高等教育及高等教育两大类。因此，本研究把澳门教育团体，分为非高等教育类社团及高等教育类社团两大类，以便进一步探讨及研究。

---

① 本研究所指的教育团体，活动围绕教育为主，包括与教育有关的协会、学会、研究会、学生会、校友会、联谊会、青年会等社团。

② 陈立功.影响教育质量的因素与对策 [J]. 考试周刊, 吉林：舆林报刊发展中心,
2012（56）。

截至2019年3月初，澳门共有注册社团9029个，其中，教育团体共868个，约占澳门社团总数的9.6%[①]。

在非高等教育类社团方面，宗教社团及华人社团一直是澳门民间办学的主要力量，加上回归前后多所公校相继开办，公职教育人员大幅增加，行业协会也于回归后成立。由此分别形成三个较具规模及影响力的非高等教育类社团——"澳门中华教育会""澳门天主教学校联会"及"澳门公职教育协会"。

作为澳门历史最悠久的教育专业团体，澳门中华教育会于1920年成立，该会以团结澳门教育界人士，维护教师权益，共同推进教育事业为宗旨。有数据显示，澳门中华教育会成立以来，曾组织爱国游行，抗日战争期间，积极参与爱国救亡工作、为学生补助旅费，解决生活及医疗等问题、向有困难的学校和教师发放补助金，支持本地教育、协助学生升学、合办教育课程、举办各类学界比赛、出版教育期刊和教材等[②]。该会除弘扬爱国爱澳精神、致力于促进澳门教育事业发展、维护教师合法权益，推动教师专业成长、丰富教师业余生活、关心青少年健康成长，开展多项学生学艺比赛外，还积极参与社会各项事务[③]。

澳门天主教学校联会的前身是"天主教学校协进会"，1967年由当时澳门教区主教戴维理所创，并得慈幼会马耀汉神父，耶稣会谭志清神父等大力推动，主要是团结本澳各天主教学校，组织联谊活动。自1973年戴维理主教逝世后，亦由于当时环境问题，会务曾有一段时间暂停开展。直至1982年，前任主教高秉常委派教事务统筹处主作罗启瑞神父为顾问，马耀汉神父为主席，重新制定章程，并正式改名为"澳门天主教学校联会"。联

---

① 数据来源：澳门印务局，引自 https://www.io.gov.mo，后经笔者自行整理所得。

② 吴志良，杨允中．澳门百科全书 [M]．澳门：澳门基金会，2005：455.

③ 澳门中华教育会简介，引自 http://www.edum.org.mo/orginfo/about.

会每年为属校教师及学生举办宗教及学术或康乐活动，并参与澳门教育界的各项有关工作及活动，如长期性之澳门政府教育委员会、澳门政府学历认可委员会及各教育研讨会等，多年来，按照天主教教育原则，积极为培育澳门青少年之教育工作服务[①]。

澳门公职教育协会成立于2001年，以立足澳门，热爱教育事业，促进学术交流活动、维护会员尊严，争取合理权益、致力树立和提高公职教育人员专业形象和水平、积极建立与政府沟通的桥梁，配合教育当局有关政策之落实和实施为宗旨。近年，澳门公职教育协会持续推动会员参与社会事务、积极提升公职教学人员的整体素质，关心内地教育发展，加强与内地教育团体的交流，建设会员与特区政府及社会各界的沟通平台[②]。

其他的非高等教育类社团中，有关注不同年龄阶层的团体，如澳门儿童教育协会、澳门成人教育协会及澳门成人教育学会等；有关注弱势群体的团体，如澳门特殊教育研究学会、澳门特殊教育需要学生协进会及澳门聋人（成人）特殊教育协会等；有关注某一学科领域的团体，如澳门音乐教育协会、澳门地理暨教育研究会及澳门数学教育研究学会等；有关注教师及家长的团体，如澳门英语教师会、澳门舞蹈教师协会及新华学校家长教师会等；也有支持及促进教育的团体，如澳门教育促进会、澳门蔡氏教育文化基金会及澳门品德教育促进会等。

在高等教育类社团方面，经笔者深入研究发现，名称上带有高等教育的社团只有9个，最早成立的是澳门高等教育协会（1998年成立），其他8个均是澳门回归后成立的，而且大部分社团的成立时间较短，有一半至今还不超过十年，其中，澳门公职高等教育文康会更是2019年新成立的社团（见表1）。

---

① 澳门天主教学校联会简史，引自 http：//www.mcsa.org.mo/html/history.html.

② 澳门公职教育协会简介，引自 https：//www.aefpm.com.

表 1　名称上带有高等教育的社团统计 [1]

澳门高等教育范畴社团名称	成立年期
澳门高等教育协会	1998 年
港澳高等教育协办组织	2007 年
澳门高等教育教师协会	2009 年
澳门高等教育人员交流协进会	2013 年
国际高等教育交流协会	2014 年
澳门国际高等教育信息研究学会*	2014 年
澳门一带一路高等教育交流协会	2016 年
澳门高等教育发展促进会	2016 年
澳门公职高等教育文康会**	2019 年

注：＊ 该会成立时，名为国际高等教育交流协会，于2017年修改章程时，把协会名称改为澳门国际高等教育信息研究学会。

＊＊ 该会成立时，名为高等教育局文娱康乐会，于2020年修改章程时，把协会名称改为澳门公职高等教育文康会。

其余的高等教育类社团，以大学的校友会、学生会及联谊会为主，约110个。其中，8成为外地留学回澳后成立的，如华侨大学澳门校友会、澳门南京大学校友会、瑞士酒店管理学院校友会（澳门）、香港浸会大学（澳门）校友会、科英布拉大学中国澳门校友会等。就本地高等院校而言，除澳门保安部队高等学校外，大部分的高等院校已成立校友会及学生会（如表2所示）。

表 2　澳门各高等院校校友会及学生会成立年期表 [2]

澳门高等院校名称	校友会成立年期	学生会成立年期
澳门大学	1998 年成立	1993 年成立

---

① 资料来源：澳门印务局网页，引自 http：//www.io.gov.mo.

② 数据来源：澳门印务局网页，引自 http：//www.io.gov.mo.

续　表

澳门高等院校名称	校友会成立年期	学生会成立年期
澳门理工学院	1999 年成立	1993 年成立
旅游学院	2002 年成立	1996 年成立
澳门保安部队高等学校	未成立	未成立
澳门城市大学［原名：亚洲（澳门）国际公开大学］	2021 年成立	2012 年成立
圣若瑟大学（原名：澳门高等校际学院）	成立年份不详	2011 年成立
澳门镜湖护理学院	成立年份不详	2003 年成立
澳门科技大学	2005 年成立	2001 年成立
澳门管理学院	2016 年成立	2002 年成立
中西创新学院	2016 年成立	2011 年成立

此外，没有发现其他高等教育范畴之社团。当然，可能还有些是没有注册、正在筹备登记及笔者未发现的。

三、澳门教育团体的特点

澳门教育团体是一个数量不少的群体，其类型、成员、功能、运作规律、性质及形态等各个方面呈现多样性，这些团体表现出以下的特点。

（一）非高等教育类社团占据绝大多数且复杂多元

澳门独特的历史文化背景，形成了今天多元共存、兼容并蓄、自由开放的教育环境。16世纪中叶，以葡萄牙人为主的西方人东来澳门，澳门教育从封建科举制逐步走向现代化，开创了东方教育的先河。

就澳门非高等教育而言，自开埠以来，即使是抗日战争期间，也没有停止。特别是20世纪50年代澳门第三次义学高潮[①]，这时期，不管是宗教社团

---

① 刘羡冰在《澳门教育史》一书中指出，在澳门教育史上，六七十年间，先后出现了三次义学高潮，第一次义学高潮出现在维新运动前后，第二次义学高潮出现在抗日战争期间，第三次义学高潮出现在 20 世纪 50 年代。

还是华人社团，都为解决澳门严重的失学问题，将教育服务作为重要的社团活动，使宗教社团及华人社团成为澳门民间办学的主要力量，并且大多一直延续至今。

另一方面，受明末清初"西学东渐"的影响，诞生于西方中世纪的"大学"被引入、移植到中国的土地上，开创了澳门高等教育的先河。1571年，欧洲天主教耶稣会传教士在澳门创办了一所西式小学——圣保禄公学。1594年，其升格为大学，并以圣保禄学院之名正式注册成立。这不仅是中国的土地上出现的第一所西式大学、教会大学，而且是整个远东地区创办最早的西式大学之一[1]，但因耶稣会解散，圣保禄学院于1762年关闭[2]。澳门的高等教育也因此停止了200多年的时间，直到1981年东亚大学成立才得以恢复。因此，与澳门非高等教育历史相比，澳门现代高等教育的发展史只有约40年的时间。

基于上述历史原因，超过八成的教育类社团为非高等教育类社团。在漫长的发展过程中，非高等教育类社团几乎涉及非高等教育的各个方面，具有层次与类型复杂多元的特征。而高等教育类社团，则多属联谊性质，与非高等教育类社团相比，高等教育类社团仍有待完善及发展。

（二）核心社团格局的形成与离散

由于非高等教育类社团的发展历史较为悠久，目前形成以"澳门中华教育会""澳门天主教学校联会"及"澳门公职教育协会"为核心社团的格局。同时，也吸引了一些高等教育界人士加入非高等教育类社团，如澳门中华教育会的成员中，就有不少高等教育界人士，如赵伟（前澳门大

---

① 谁是中国近代第一所大学？[N]. 光明日报，2015-11-03.

② 李向玉. 澳门圣保禄学院关闭时间之辨析[J]. 澳门公共行政杂志，澳门：行政公职局，2000（49）：789-797.

学校长）、尹一桥（澳门镜湖护理学院院长）、邓骏捷（澳门大学中文系教授）、王国强（澳门大学图书馆副馆长）、李向玉（前澳门理工学院院长）、陈志峰（澳门理工学院副教授）等。与此同时，由于高等教育类社团发展历史较短，并未形成具有代表性的社团，与非高等教育类社团情况相比，显得较为离散。

（三）专业性与不可替代性

从整体上看，澳门教育团体的成员大多接受过高等教育，部分成员更终身学习，不断进修。因此，不论是团体或团体成员，均表现出专业性的特点，这种专业性主要体现在以下两个方面：第一，成员具有专业性，社团成员一般都是由院校教师、专家、学者等组成，属专业人士；第二，社团举办之活动具有专业性，这些活动无论是与相关政策制定有关，还是与行业标准、学术论坛有关，都需要专业的知识理论和丰富的经验。上述两方面都必须依靠专业人士，在表现出专业性的同时，也具有不可替代性。

（四）政治功能逐步增强

随着社会发展，很多原本单一功能的社团，已转变为综合功能的社团。但综观澳门大部分教育团体，其功能并没有太大扩张，甚至没有改变，还是以教育为最主要功能。但是，由于澳门没有政党组织存在，社团代替政党而出现"拟政党化"现象，在回归后，社团的政党化功能得到了强化[①]。其中的教育团体也不可避免出现"拟政党化"现象，并且得到进一步深化与发展，这在教育团体或代表参与各类政府咨询机构、参选立法会及担任国家政治职务等方面得到体现。

---

① 娄胜华. 从有限参与到全面制度化参与：澳门社团政治的发展 [J]. 澳门公共行政杂志. 澳门：行政公职局，2017（117）：13.

表3 非高等教育委员会成员社团委员名单^①

（2018年10月6日—2020年10月5日）

社团名称	代表	职务
澳门中华教育会	陈虹	理事长
澳门天主教学校联会	周伯辉	会长
澳门管理专业协会	包敬焘	副理事长
澳门土生教育协进会	飞文基	管理委员会主席
澳门成人教育学会	黄伟杰	秘书长
澳门公职教育协会	刘文尧	理事长
澳门童军总会	梁诗蓓	副澳门总监
澳门发展策略研究中心	郭敬文	监事长
澳门社会科学学会	关锋	理事长
澳门中华总商会	黄佩珊	理事
澳门青年研究协会	庄真真	监事
澳门中华学生联合总会	管丽欣	助理秘书长
澳门生产力暨科技转移中心	关治平	副理事长
澳门中国企业协会	黄智饶	副会长

如表3所示，在现届非高等教育委员会中，有澳门中华教育会、澳门天主教学校联会、澳门土生教育协进会、澳门成人教育学会及澳门公职教育协会等教育团体^②，其中，陈虹除代表澳门中华教育会担任非高等教育委员会成员外，还担任第六届立法会间接选举议员；在现届高等教育委员会中，有澳门高等教育发展促进会、澳门高等教育人员交流协进会及澳门大学校友会

---

① 数据来源：非高等教育委员会成员，引自澳门教育暨青年局网页 .https：//portal.dsej.gov.mo/webdsejspace/internet/Inter_main_page.jsp?id=47180#

② 非高等教育委员会成员，引自澳门教育暨青年局网页. https：//portal.dsej.gov.mo/webdsejspace/internet/Inter_main_page.jsp?id=47180#

等教育团体[①]。此外，也有教育团体代表担任全国（或省、市）人大代表、政协委员等政治职务，积极参与国家事务，如澳门中华教育会的李沛霖、尤端阳、何少金、陈虹、李明基等。

四、澳门教育团体的意义

从澳门教育团体的章程、运作模式及活动等方面来看，其参与教育治理主要分为政策制定层面和具体实践层面，并表现出以下意义。

（一）以推动澳门教育的发展为宗旨

澳门教育团体是澳门教育系统不可分割的一部分，有其独特的优势，发挥着不可替代的作用。从部分教育团体的章程可以看出，它们通过多层次及全面的治理，调节教育市场机制，分担政府部分职能和提高政府的效率，降低政府管理的成本。总之，它们弥补了政府和市场机制的缺陷和不足，从而推动澳门教育的发展。如澳门中华教育会章程第二条指出，本会宗旨为团结澳门教育界人士，爱祖国、爱澳门，拥护"一国两制"，弘扬中华文化，维护教师权益，办好教师福利，共同推进教育事业。澳门高等教育发展促进会章程第二条指出，本会之宗旨为促进本地高等教育的持续发展及质量提升，推动高等教育领域的研究、经验交流及资源共享。澳门高等教育教师协会章程第二条指出，本会宗旨：1. 立足澳门，关注本澳学生的教育权益，促进学术交流活动。2. 维护会员尊严，争取合理权益。3. 为争取前线教育的最佳资源及配置。4. 致力于树立和提高理工教师的专业形象和水平。5.积极建立与政府沟通的桥梁，争取本澳学生和教师的权益，以及推动其对本会应履行之义务。

---

① 参见法规：《第 129/2018 号社会文化司司长批示》。

（二）作为政府与教育界的协调者

澳门教育的治理主要分为三个层次：宏观层面、中观层面以及微观层面。这三个层面的治理主体分别为政府、社团以及教育界，它们在不同层面行使自己的治理职责。在这三个层面中，中观层面的治理责任最多，因而由分工较细的社团来承担，其关注的范畴广泛。

以非高等教育类社团为例，澳门中华教育会和澳门天主教学校联会定期与特区教育暨青年局举行会议，交流和探讨教育问题，并每年向特区政府提交教育施政建议书，推动解决各种教育问题，促进澳门教育事业的发展。近年，两教育团体代表积极建言，曾就五年发展规划、蓝天工程、创新人才培养机制、教育法规建设、语言政策、爱国爱澳教育、幼儿及小学教育阶段课程改革、融合教育、教师退休保障、德育及学生辅导、师资培训、教育资源投入及教育发展基金的资助等方面提出意见和建议[1]。同时，两教育团体代表分别对教育用地和青少年活动设施等方面表示关注。其中，中华教育会支持将旧爱都酒店和新花园泳池重建为演艺学院和青少年文康活动中心的构想；天主教学校联会亦期盼重建项目可以尽早落实开展，为学生及青少年提供优质的艺术教育场所[2]。可见，澳门教育团体常常收集教育界的意见，并适时向政府反映，是政府与教育界的协调者。

（三）参与教育政策的制定

众所周知，政府是教育政策的主要制定者，但教育团体也会通过不同的方法来影响政策的制定。

---

[1] 社会文化司司长及教青局与教育界代表会面，引自 https://portal.dsej.gov.mo/webdsejspace/internet/Inter_main_page.jsp?id=56765#.

[2] 谭俊荣与教育界会面加强沟通 [N]. 濠江日报，2015-11-12.

以高等教育类社团为例，在《高等教育制度》出台前，澳门高等教育人员交流协进会曾举办学术讲座，共同探讨高等教育发展。讲座上，有学者认为澳门整个高教制度亟须改善，呼吁《高等教育制度法律》有必要尽快通过，借以提高澳门高校办学的竞争力。身兼立法会议员的理事长唐晓晴指出，澳门沿用的高等教育法律制度已不合时宜，立法会正在审议新《高等教育制度法律》草案，他期望法案尽快出台，借以提升澳门高校的办学质量，提高效率及效能。[①]澳门高等教育发展促进会庞川理事长也在另一讲座中指出，协会将持续关注高教法的修订，以及紧密围绕新高教法出台后的研究、解读及宣传等方面工作，冀望新高教法通过后，本会能作出相对应的研究工作。[②]总的来说，教育团体对教育政策制定的作用和影响力不容忽视，并扮演着十分关键的角色。它们通过直接、间接、正面或侧面的方法来影响政策的制定。

（四）促进教育之各种交流和合作

教育团体作为政府与教育界的协调者，构建教育信息沟通平台，促进教育之各种交流和合作，其形式是多种多样的，既有澳门以内的，也有澳门以外的，表现十分广泛。

如澳门中华教育会自1985年起，连续二十年与广州华南师范大学合办在职教师大专及本科培训课程，开设教育、幼儿教育、中文教育、英语教育、数学教育等专业课程；近年还开设师范文凭课程，大大提高了澳门教师专业水平，又多次承办"华夏园丁大联欢""海峡两岸暨港澳地区教育学术研讨会"，举办"青少年德育研讨会"等会议，推动与海内外教育的交流和合作。另外，自1984年教育部在澳门设考场以来，每年均协助办理澳门高

---

① 两教育团体吁出台高教法 [N]. 澳门日报，2015-09-25.

② 高等教育发展促进会专题讲座 [N]. 现代澳门日报，2017-06-12.

中毕业生到内地升大学的报名及考试工作，推动和协助澳门学生到内地深造，以培养更多治澳人才。至今，仍继续为暨南大学、华侨大学、中山大学等承办在澳门的考务工作。

另一方面，除各种交流和合作外，也有以合作办学为主的教育团体（见表4），如会址设在业余进修中心内的澳门业余进修协会，是澳门工会联合总会辖下一所不牟利的综合性成人教育机构，由于办学认真、师资优良、地点适中、课程多样而受到广大有志进修人士的欢迎。自1982年7月创办迄今，三十多年来已开办120期教育培训（每期一般三个月），报读学员合计逾114082人次；自1985年开办大学课程以来，先后听取各项课程的学员达7592人次；连同合办课程，累计逾121674人次。目前每期开设课程数十项，在读学员一千多人，成为本澳有一定规模的业余进修学校①。

表4　曾与澳门业余进修协会合作的机构②

地区	合作的机构
澳门	澳门政府教育暨青年局、澳门计算机学会、大丰银行、澳门政府行政暨公职局、氹仔坊众联谊会、ABC集团、澳门政府社会工作局、澳门中国旅行社、澳门电力公司、法国美容健美院、澳门珠光（集团）有限公司、国际狮子总会港澳三〇三区、中国银行澳门分行、镜湖医院、新良友发型屋、澳门商业雇员总会、澳门公务华员职工会、澳门旅游娱乐有限公司娱乐场员工俱乐部、澳门服务业职工活动中心、澳门信息中心、澳门中央狮子会、澳门设计师协会、澳门护士学会、京澳酒店、澳门建造业总工会、新世界帝濠酒店、和记传讯、澳门制造业总工会、澳门政府劳工事务局、澳门图书馆暨信息管理协会、澳门水电工会、联合传讯、澳门自来水有限公司、澳门宝法德玩具有限公司、澳门文员会、澳门旅游娱乐有限公司职工联谊会、日丰车行、澳门行隐画艺学会、澳门酒店旅业职工会、国际插花艺术学校、南光百货有限公司、澳门理工学院语言暨翻译高等学校、伟迪手工艺、葡京酒店、澳门发型美容从业员协会、澳门基本法协进会、皇都酒店、澳门幸运博彩业职工总会、澳门电影协会、澳门社会保障基金、澳门市贩互助会、智高科技发展有限公司、无极动画、澳门博彩企业员工协会、威尼斯人澳门股份有限公司

① 澳门业余进修中心简介，引自 www.caep.edu.mo.

② 数据来源：曾与澳门业余进修协会合作之机构，引自 www.caep.edu.mo.

地区	合作的机构
香港	香港管理专业协会、香港大学专业进修学院、香港人才顾问公司
广东	华南师范大学、华南文艺业余大学、中国文学函授大学珠海分校、暨南大学、广东省自学考试委员会、中山医科大学第一临床学院中医科教研室、深圳中华职业教育社、中华职业进修学校、珠海市卫生局、汕头大学、中国语言文化学院珠海教育学院高等教育自学考试珠海市辅导中心、广州中国语言文化学校、广州华侨学生补习学校、珠海广播电视大学、珠海市业余高等教育自学考试辅导中心、广东中华职业教育社、中山大学、广东中华文化专修学院、珠海市青少年文化宫
广西	柳州市榴联函授院
福建	厦门大学海外教育学院、华侨大学
辽宁	东北大学
北京	北京大学海外教育学院、北京体育大学、清华大学
江苏	南京航空航天大学
湖北	武汉大学

总的来说，各教育团体历年来通过开办各类型的学术研讨会、讲座、展览、工作坊、课程及出版刊物等活动，来促进教育之各种交流和合作。

五、澳门教育团体的展望与建议

就目前澳门教育团体的发展来看，尽快成立、完善及发展高等教育类社团，提高凝聚力并拓展服务领域，是澳门教育团体面对的迫切问题。此外，"一带一路"倡议自2013年提出以来，区域合作进一步加强，澳门教育团体如何配合国家政策得以持续发展，也是值得我们思考的问题。综上所述，本研究对上述问题提出以下建议。

（一）尽快成立、完善并发展高等教育类社团

目前，澳门现有10所高等院校，其中4所为公立，6所为私立。2016—2017学年，各院校教学人员共2265人，高等教育课程注册学生32750人，有267个高等教育课程在运作，其中包括博士学位、硕士学位、学士学位、高等专科学位、学位后文凭及高等教育文凭课程。另外，2016年共有19所外地高等院校经批准在澳门开设了34个高等教育课程[①]。可见，澳门教育业具有良好的基础及一定的优势。但与此相关的高等教育类社团，则多属联谊性质。因此，有必要尽快成立、完善及发展高等教育类社团，如成立相关的高等教育人员协会、各学科专业协会等，使其涵盖高等教育的各个方面，以增加本澳高校之间、高校与内地及其他地区高校间互动交流，促使本地高等教育的持续发展及质量提升，达到推动高等教育领域的研究、经验交流及资源共享的目的，促进澳门高等教育的发展。

（二）提高凝聚力

社团凝聚力，是指社团对其成员的吸引力量。中国社会学家韦克难曾指出，凝聚力高的社团，其成员较愿意更多地承担推动群体发展的责任和义务[②]。就社团凝聚力方面而言，非高等教育类社团现已形成三大核心社团，有较强的凝聚力，具一定的话语权，是成员利益表达或诉求的主要渠道。但是，在高等教育类社团方面，并未出现核心社团，各社团缺乏凝聚力。因此，本研究建议，高等教育类社团有必要提高凝聚力，如联合部分高等教育类社团，成立联会或总会，以改变现时较为离散的运作模式，提升表达诉求

---

① 引自澳门高等教育辅助办公室网页. http：//www.gaes.gov.mo.

② 韦克难，杨博文，李学林，等. 社会学概论 [M]. 四川：四川人民出版社，2003：183.

及意见的能力。

（三）拓展服务领域

近年来，澳门教育蓬勃发展，成绩让人鼓舞，但与此同时，弱势学生缺乏足够支持及公平学习的机会，也是不争的事实。因此，本研究建议，教育团体应拓展服务领域，弥补政府在教育行事上效率的不足，以解决一系列的教育问题。

如目前特殊学生的数量，远多于特殊学额，将来的特殊学额越发紧张。然而，由于澳门以私校为主，公校为辅，政府难以在短期内提供足够的特殊学额。教育团体可通过拓展服务领域，开设教育服务机构，提供部分特殊学额。一方面可增强社团核心竞争力；另一方面，可与学校互补，解决特殊学额不足的问题。

（四）加强区域合作

2019年1月10日中国教育部发布消息，港澳台居民可按规定在内地申请中小学教师资格。这对准教师或有意到内地发展之教师而言，无疑增加了一个新选择，并可发挥澳门教师在语言、文化、国际视野等方面的优势。港澳台居民在内地申请中小学教师资格的开展和实施，将会大幅度促进两地教师人才的流通。因此，澳门教育团体应借鉴澳门工会联合总会及澳门街坊总会的经验，尽快在内地设办事处[①]，作为澳门教师在内地的服务平台。

2019年2月18日中共中央、国务院印发了《粤港澳大湾区发展规划纲要》（下文简称《纲要》），并发出通知，要求各地区各部门结合实际认真贯彻落实。《纲要》共十一章，使澳门有了清晰的发展定位。《纲要》

---

① 2018年9月13日，澳门工会联合总会广东办事处在珠海总工会综合楼举行揭牌仪式，2018年11月30日，澳门街坊总会中山办事处开幕。

指出，澳门为粤港澳大湾区四大城市之一，把澳门建设为"一中心、一平台、一基地"①，把粤港澳大湾区建设为国际科技创新中心，以及共同打造教育和人才高地等。上述《纲要》的部分内容，均与教育团体息息相关，进一步来说，澳门教育团体在落实"一中心、一平台、一基地"的功能定位、推进"广州—深圳—香港—澳门"科技创新走廊建设，探索有利于人才、资本、信息、技术等创新要素跨境流动和区域融通的政策举措，共建粤港澳大湾区大数据中心和国际化创新平台、支持粤港澳合作办学、提升与普及职业教育、加强国际人才合作、学历与专业资格互认及制定人才引进政策等方面，将大有可为。

六、总结

是故，转型之路未竟，改革步履不停②。澳门教育团体应通过尽快成立、完善及发展高等教育类社团，提高凝聚力、拓展服务领域及加强区域合作等发展策略，推动澳门教育团体的正向发展，以适应现代化与社会转型的挑战及配合国家发展大局，并进一步实现《澳门特别行政区五年发展规划（2016-2020年）》确定的"大力推进教育兴澳、人才建澳"的目标。

参考文献

［1］刘羡冰. 澳门教育史［M］. 澳门：澳门出版协会，2007.

［2］粤港澳大湾区发展规划纲要.

---

① "一中心、一平台、一基地"即世界旅游休闲中心，中国与葡语国家商贸合作服务平台，打造以中华文化为主流、多元文化共存的交流合作基地。

② JON BAKIJA, LANE KENWORTHY, PETER LINDERT, JEFF MADRICK. 政府应该多大为好［M］. 卓贤，译. 北京：中国发展出版社，2013：译者序 13.

［3］澳门特别行政区五年发展规划（2016—2020年）.

［4］澳门印务局网页. http：//www.io.gov.mo.

［5］澳门教育暨青年局网页. https：//portal.dsej.gov.mo.

［6］澳门高等教育局网页. https：//www.dses.gov.mo.

［7］高胜文. 澳门地区高等教育范畴社团的现况、特点及意义［J］. 华侨高等教育研究，2018（2）：147-161.

国际（澳门）学术研究院

华侨大学粤港澳人才战略研究所

海峡两岸先贤崇拜互动的困境与重生①

侯欣怡　骆文伟　陈沛宏　何家欣　章培盛　宋楚戎②

摘　要： 海峡两岸同根同源，有着崇拜古今先贤的历史传统。基于当前海峡两岸的严峻复杂背景，以两岸先贤崇拜互动为研究视角，以郑成功文化为典型个案，笔者深入福建厦漳泉和台湾多地开展深度访谈和问卷调查，客观把握两岸先贤崇拜互动模式、开发现状和时空分布特征。调研发现，两岸先贤崇拜互动主要存在政治、经济、文化和教育、社会四大困境因素，本文尝试提出"以统筑融、以通促融、以育化融、以情交融"的"四位一体"模式下的重生路径，积极探索两岸文化融合新路。

关键词： 海峡两岸；先贤崇拜互动；重生路径；郑成功文化

先贤崇拜是中国传统文化的精髓，是中华民族独有的传统风俗。海峡两岸同根同源，血缘相亲、文缘相承，有着祭拜黄帝、孔子、关公、郑成功等

①　基金项目：2018 年国家社会科学基金教育学青年课题《台湾青年国家认同危机与中学政治科教科书国家观念研究》（项目编号：CAA180240）。

②　侯欣怡（2001—　），女，山东省滕州人。侯欣怡、陈沛宏、何家欣、章培盛、宋楚戎均为华侨大学 2019 级本科学生。通讯作者：骆文伟（1969—　），男，福建泉州人，副教授、硕士生导师，主要从事中华民族共同体意识建构研究。

古今先贤的历史传统。近年来，台湾民进党当局大肆推动文化"台独"，打着"转型正义"的幌子对先贤文化频频打压，"去孙""去蒋""去孔"、取消遥祭黄帝陵和"降格"郑成功祭典等动作频繁上演，严重阻碍了两岸文化的交流互动。习近平总书记在纪念辛亥革命110周年大会上讲话时指出，"台独"分裂是祖国统一的最大障碍，是民族复兴的严重隐患。《中共中央关于党的百年奋斗重大成就和历史经验的决议》再次强调，坚决遏制"台独"势力、促进祖国统一，有力挫败各种制造"两个中国""一中一台""台湾独立"的图谋。本文以两岸先贤崇拜互动为研究视角，积极探索两岸融合发展新路，无疑具有十分重要的现实意义。

一、海峡两岸先贤崇拜互动的调研分析

调研起于2017年年初，历经四年之长。其间课题组多人多次深入福建厦漳泉和宝岛台湾台北、台南、台中多地开展实地调查，获取宝贵的第一手资料。

（一）海峡两岸先贤崇拜互动的时空分布特征

在共同的先贤文化推动下，闽台的民间信仰超越时空距离，宗教文化交流频繁，宫庙林立。民间共同信仰的进一步升华就会发展为文化认同，而文化认同则是促进两岸民族认同的重要基础。在查阅文献和调研基础上，笔者整理并形成了"两岸先贤崇拜互动一览表"（见表1）。

表1　两岸先贤崇拜互动一览表 [1]

名称	资源依托	时间	举办地	届数
海峡论坛	闽台"五缘"情	6月	厦门	12

---

[1]　资料来源：本课题组整理。

续　表

名称	资源依托	时间	举办地	届数
两岸保生慈济文化旅游节	青礁、白礁慈济宫	4 月	厦门	12
两岸同祭孔	孔子文化	9 月	厦门	13
郑成功文化节	郑成功遗址	6 月	泉州、厦门	10
海峡两岸关帝文化节	通淮关岳庙	6 月	泉州	8
海峡两岸开漳圣王文化节	开漳圣王信仰	6 月	漳州	6
海峡两岸关帝文化旅游节	关帝文化	6 月	漳州	28
中国湄洲妈祖文化旅游节	湄洲岛妈祖庙	11 月	莆田	20
祭黄大典	黄帝信仰	4 月	陕西	8
闽王文化节	两岸公祭闽王	4 月	福州	3
陈靖姑文化节	陈靖姑信俗	2 月	福州	12
大甲妈祖文化节	妈祖信仰	3 月	台中	20
郑成功中枢祭典	台南郑成功祖庙	4 月	台南	54
遥祭黄帝陵	尊宗敬祖	3 月	台北	6
关圣帝君诞辰祭典	台北行天宫	6 月	台北	23
闽台陈靖姑民俗文化旅游节	陈靖姑文化	3 月	台湾	5
台北孔庙祭孔大典	中华文化	9 月	台北	–
济公禅师盛典	龙隐寺	11 月	嘉义	–
中山论坛	中山精神	7 月	中山	4
姚神节	陈元光信俗	农历2 月	漳州	–
朱熹文化节	朱熹文化	9、10 月	浙江	5
王忠孝文化节	王忠孝文化	7 月	泉州	5
海峡两岸民俗文化节	两岸共同民俗	2、3 月	福州	–
三平祖师文化旅游节	三平祖师文化	7 月	漳州	2
海峡两岸五显大帝文化节	五显大帝文化	6 月	漳州	5
海峡两岸玉皇大帝文化节	玉皇大帝文化	12 月	漳州	17
武夷山朱子文化节	朱子文化	10 月	南平	4
海峡两岸闽南文化节	闽台"五缘"情	6 月	泉州	4

1. 时间分布特征

由表1可见，闽台的大型先贤崇拜活动基本是定期举行的，一般选择先贤诞辰或祭奠先贤的特定日子；同时会有密集且不定期的各种小型互动来往和交流活动。我们按照气象法[①]对大型节事的季节分布进行统计。总体上看，福建省下辖九地市的28项大型节事活动季节性不强，季节性强度指数（R）差异不大（见表2）。受气候影响，全年适合举办节庆时间长，且主要集中在春夏秋三季。

表2　福建各地市先贤崇拜互动的季节性强度指数

市	福州	厦门	泉州	漳州	莆田	南平	龙岩	三明
R	6.40	7.32	8.70	7.28	7.97	7.21	7.60	7.21

2. 空间分布特征

两岸大型先贤崇拜活动在福建省的主要分布呈点状和集中相结合的特点。从区位上看，福建东部沿海地区先贤崇拜活动数量远高于中西部地区，尤以福厦漳泉最为鼎盛。原因主要在于先贤崇拜的空间分布集中程度与祖籍地优势、地区经济发展水平、历史文化、旅游发展水平密切相关。

台湾地区是一个民间信仰十分盛行的地方，据查仅妈祖信众高达1300万多人，占台湾总人口数约70%。调研发现，台北、台中地区的先贤崇拜氛围较为浓厚，大型节事多集中在这两个地方。

（二）海峡两岸先贤崇拜的现状分析

1. 深度访谈综述

课题组深度访谈两岸学术团体、宗教寺庙、文物部门、宗亲会等机构负

---

① 气象法：把候（5天为一候，一年有72候）平均气温降至10℃以下称为冬季，把候平均气温升至22℃以上称为夏季，介于10℃—22℃之间为春季或秋季。

责人和先贤后裔、学者以及台湾地区政治人物30多人，专访了伟大的民主革命先行者孙中山先生的孙女、孙中山和平教育基金会主席孙穗芳博士，她分享了对中山精神的深刻理解："民富国强、祖国统一及振兴中华，是全体中华儿女共同愿望，是我的祖父孙中山先生毕生为之奋斗的远大理想。"她高度赞赏课题组的活动，并题赠"天下为公"珍贵墨宝以示激励。一直致力于祖国和平统一大业的台湾劳动党主席吴荣元认为："两岸具备血脉渊源相承的文化历史基底。这些历史文化血脉正升腾为国家统一的无形力量，不可置之不理。"如何促使两岸联合举办大型活动来祭祀先祖，南安郑成功祖庙管委会主任郑万江认为："目前两岸民间交流，尤其是组织'赴台巡境'活动，主要面临着资金、规模、宣传等多方面的问题。"

课题组认为，两岸先贤崇拜互动的障碍因素是多方面叠加所致。伴随着国际形势和海峡两岸关系的发展变化，先贤文化在两岸青年一代的影响力持续降低，加之物质条件的匮乏以及互动形式的单一性，两岸先贤崇拜互动日渐式微。

2. 基于问卷调查的海峡两岸先贤崇拜的现状分析

课题组面向广大香客信徒、游客及两岸青少年学生共发放四轮问卷，共967份，其中有效问卷894份，有效率为92.45%。样本男女均衡，对象基本覆盖两岸各阶段学历与年龄范围，其中台湾地区的有效样本占比为36.1%，数据具有可信性。

（1）先贤和先贤文化的了解程度

表3 被测试者先贤了解程度

先贤	对下列先贤的了解程度（N = 894）					前两项合计占比
	非常了解	比较了解	一般	不太了解	完全不了解	
孔子	215	458	193	19	9	75.4%
孙中山	182	450	215	41	6	70.8%

续　表

先贤	对下列先贤的了解程度（N = 894）					前两项合计占比
	非常了解	比较了解	一般	不太了解	完全不了解	
郑成功	81	336	372	81	24	47.6%
妈祖	67	258	377	163	29	36.5%
关帝	48	159	285	274	130	23.2%
注生娘娘	13	44	155	278	404	6.5%
陈靖姑	23	36	142	258	435	6.7%

由表3可知，被测者对先贤文化的了解程度整体不高。具体而言，对孔子、孙中山和郑成功了解程度较高；对妈祖、黄帝、关帝的了解一般；注生娘娘、陈靖姑的受众群体最小。再者，被测试者同时缺乏对先贤历史的深入了解，如对郑成功非常了解的仅有9.1%。

（2）先贤崇拜的活动形式偏好

图1显示，被调查者对国家公祭、先贤文化节和宗亲会活动都表现出极大的兴趣；对学术讲座、专家座谈会等枯燥乏味的单向知识讲授感兴趣程度最低，这要求我们应当积极转变先贤文化的传播方式，探索先贤崇拜互动形式的创新。

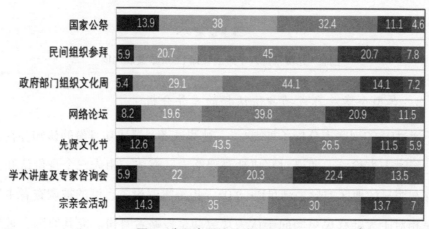

图1　先贤崇拜的活动形式偏好

（3）先贤崇拜的维度认知

课题组采用Likert五级量表，"1—5"对应"完全不认同—非常认同"的态度变化。图2显示，被测试者对文化传承和精神寄托的认同度最高；对封建迷信的认同度最低，这说明民众充分肯定先贤崇拜对于承载民族精神等的积极作用，同时反映出随着时代进步，人们能摒弃封建迷信的落后观念。

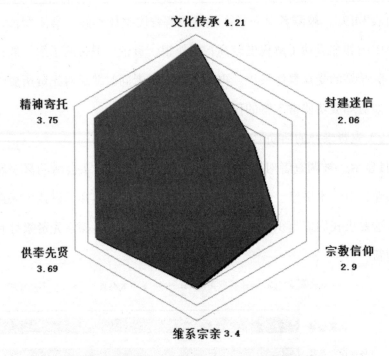

文化传承 4.21

精神寄托 3.75

封建迷信 2.06

供奉先贤 3.69

宗教信仰 2.9

维系宗亲 3.4

图2　先贤崇拜六个维度认知 Likert5 量表均值

3. 典型个案：郑成功身份认知的差异分析

通过R×C列联表分析（见表4），被测试者对郑成功身份的认知存在差异。经过卡方检验，两岸对郑成功是侵略者、海盗、祖先三个身份认知情况存在明显的地区差异，满足$P < 0.05$，拒绝零假设。台湾的被调查者中原住民相对于大陆移民更倾向于认为郑成功是侵略者身份。究其原因，近年

来台湾高中教科书里，郑成功从过去的民族英雄变成了"入侵（原住民）者"，加上现在的民进党当局为了自身统治正当性等政治需求，严重扭曲了郑成功的正面形象。追随郑成功驱荷复台的大陆移民后裔对郑成功先贤的身份有着民族情感的认同，更愿意将其当作收复失地的民族英雄来看待。

表4 郑成功身份认知情况的交叉制表

认知情况					卡方检验			
			地区		总计		值	df	sig
			大陆	台湾					
民族英雄	赞同	计数	475	260	735	Pearson 卡方	4.347^a	2	0.114
		百分比	83.2%	80.5%	82.2%				
	中立	计数	80	45	125	似然比	4.163	2	0.125
		百分比	14.0%	13.9%	14.0%				
	不赞同	计数	16	18	34	有效个案数 N	894		
		百分比	2.8%	5.6%	3.8%				
侵略者	赞同	计数	32	35	67	Pearson 卡方	12.917^a	2	0.002
		百分比	5.6%	10.8%	7.5%				
	中立	计数	88	65	153	似然比	12.568	2	0.002
		百分比	15.4%	20.1%	17.1%				
	不赞同	计数	451	223	674	有效个案数 N	894		
		百分比	79.0%	69.0%	75.4%				
神明	赞同	计数	57	46	103	Pearson 卡方	3.753^a	2	0.153
		百分比	10.0%	14.2%	11.5%				
	中立	计数	160	89	249	似然比	3.666	2	0.160
		百分比	28.0%	27.6%	27.9%				
	不赞同	计数	354	188	542	有效个案数 N	894		
		百分比	62.0%	58.2%	60.6%				

续　表

认知情况					卡方检验			
			地区		总计		值	df	sig
			大陆	台湾					
海盗	赞同	计数	46	60	106	Pearson 卡方	37.386^a	2	0.000
		百分比	8.1%	18.6%	11.9%				
	中立	计数	112	91	203	似然比	36.626	2	0.000
		百分比	19.6%	28.2%	22.7%				
	不赞同	计数	413	172	585	有效个案数 N	894		
		百分比	72.3%	53.3%	65.4%				
祖先	赞同	计数	195	142	337	Pearson 卡方	11.502^a	2	0.018
		百分比	34.2%	44.0%	37.7%				
	中立	计数	211	116	327	似然比	11.628	2	0.020
		百分比	37.0%	35.9%	36.6%				
	不赞同	计数	16	20	230	有效个案数 N	894		
		百分比	2.8%	6.2%	25.7%				

二、海峡两岸先贤崇拜互动的困境因素

（一）政治困境

多年来，台湾两党为选举而不惜利用先贤和神明标榜自身执政的正义性，使得民间信仰沦为政治斗争的棋子。自蔡英文当局执政以来，不断淡化先贤在台湾的影响力，将其"妖魔化""去神格化"；"去孔子""去孙中山""去郑成功""取消遥祭黄帝陵"等一系列动作不断，企图割裂两岸的历史文化脐带。

（二）经济困境

1. 文化产业融合发展受阻

近年来，两岸文化产业正处于转型的关键期，产业融合遭遇诸多挑战。首先，当前单边主义和贸易投资保护主义抬头，世界经济增长预期不容乐观，两岸的经济交流严重受阻。其次，文化产业对政治因素的变化极为敏感，两岸政治互信的持续走低，使得两岸文化产业合作未能走向深入。

2. 城镇化引发互动场所式微

城镇化是提升国家能力的必然举措，城镇化进程的加速推进与城市经济的规模效应不仅直接挤压先贤崇拜的固有空间，致使一些宗教信仰场所缺失，如宫庙、祠堂迁址或被拆毁，同时也瓦解了先贤崇拜体系承载的文化生态与互动结构。互动场所式微将直接导致先贤崇拜失去承载的载体，先贤崇拜互动也将难以延续。

（三）历史文化与教育困境

1. 外来文化侵蚀

当今全球化浪潮势不可挡，加速了外来文化在中国的传播，中华文化也在遭受外来文化的冲击。越来越多的年轻一代迷恋西方文化，圣诞节、情人节、复活节、感恩节等洋节日趋流行，反观寒食节、端午节、清明节、重阳节、腊八节等传统节日却受到冷落，部分年轻人对这些传统节日所包含的文化意蕴并不了解，有些人甚至错误地认为是封建社会遗留下来的产物。"洋节"盛行、"土节"遇冷，是一种集体无意识的行为，固然跟当下年轻人追求时尚有关，却折射出中国文化的主位性缺失和主体性沉沦。

2. 历史残留仍未去除

在台湾地区，日本在殖民时期为防范台湾人心向祖国，推行"皇民化运动"，强迫台湾人说日语、穿和服、用日姓、放弃原有的民间信仰和祖先祭祀、皈依日本神道教。如今台湾地区的殖民残留痕迹十分显著，加上民进党当局为了"去中国化"，刻意美化日本殖民统治，殖民残留不仅没随殖民统治的结束而消散，反而加剧了两岸文化隔离与断层，极大程度上影响了人心回归。

3. 代际断裂差异

先贤崇拜受众具有鲜明的代际认知差异，参加的民众以年长者居多，青年一代参加者占比较小。究其原因，一方面，先贤崇拜活动以传统传播为主，受时空限制和创作手法单一等影响，其传播效果和对青年人的吸引力逐渐下降；另一方面，家庭引导的缺失和代际间的认知偏差，也直接导致青年一代较少能潜移默化地得到先贤文化的熏陶。加之先贤互动场所的日益破落和荒废，先贤崇拜的代际传播和继承将遭遇断裂的威胁。

（四）社会困境

1. 统筹不足难成合力

调研发现，两岸对每个先贤的崇拜都有相应的组织机构，不乏各式各样的官方机构和民间组织，但彼此之间缺乏联系，存在着官方统筹不力、民间配合无默契，前期规划和后期落实不到位等问题。官方组织的活动，资金投入多，宣传力度大，受邀人群广，持续时间长，知名度高，却难吸引年轻人参与。与此相对应，民间组织的活动大多资金投入少、具有小群体性、宣传力度小、持续时间短、知名度低。

2. 互动失衡拉大差距

首先，从往来交流人数看，近年来闽台两地往来的人数不对等，台湾"来的多"大陆"去的少"。其次，从地域分布看，大陆赴台的民众主要来自闽南地区，台湾赴大陆的民众则主要来自台北地区。再次，从年龄分布看，两岸都呈现失衡状态，闽台往来交流多以民间信仰和寻根谒祖为目的，参与的民众年龄相对偏大，主要为20世纪70年代之前出生的，而"80后""90后"和"00后"基本很少参与。台湾这三代年轻人正是在民进党大肆推行"去中化"时期成长的，他们所受的古今先哲文化熏染和教育自然比较少，因而对两岸的交流互动活动参与度也就更低。

三、海峡两岸先贤崇拜互动的重生路径

（一）政治层面：以统筑融

1. 两岸联合申报世界遗产

一脉相承的历史文化为两岸联合申遗提供了必要条件。两岸联合申遗，其本质是两岸对于一个中国原则的坚守，可以向世界传达出两岸重视对先贤文化传承的信息，在唤醒两岸共同历史记忆的同时，满足台湾同胞合理的"国际参与"诉求。孙中山史迹遗存、闽南红砖建筑、关圣文化史迹符合世界文化遗产遴选标准C（Ⅲ）和C（Ⅵ）标准。我们建议，国家战略统筹两岸联合甚至再联合有关国家，将孙中山史迹遗存、闽南红砖建筑、关圣文化史迹等捆绑申报世界文化遗产。借鉴2009年两岸携手申报"妈祖信俗"、2020年中国与马来西亚联合申报"送王船"为人类非物质文化遗产的成功案例，将"祭黄盛典""关帝信俗""祭孔大典"等联合申报为人类非物质文化遗产。

2. 提升先贤祭祀，将其纳入国家公祭

自古以来，我国都有公祭先贤先祖的悠久历史。黄帝是中华文明的源头，公祭黄帝是继承中华民族优秀传统文化的重要方式，自古以来从未断过。以国家名义进行正式纪念与公祭，其意义在于将能更高层面、更大范围地凝聚海内外同胞的人心和力量，同时体现国家政治文明的进步。课题组建议，将"祭孔大典""祭黄大典"等两岸共有的先贤祭祀纳入国家公祭，每逢祭祀日同时在海峡两岸和港澳地区举行，并邀请台湾统派、政治人物等一起参与到国家公祭中，同时建议2022年隆重纪念郑成功收复台湾360周年。

3. 打造国家先贤名片

世界有许多纪念先贤的先贤祠，先贤祠不仅表达了对那些在国家公共事业、军事、文化、科技、农业等诸多领域中做出卓越贡献的逝世的伟人先哲的敬仰和纪念，更是国家文化瑰宝的象征、民族精神的缩影。如建于法国巴黎市中心的先贤祠，安葬着伏尔泰、卢梭、维克多·雨果等众多先贤。我们建议，从国家层面出发建立属于中国的"国家先贤祠"，可通过全民网络投票、权威推荐、国家甄选等方式，评选入先贤祠的古今贤哲。于祠内广场摆放先贤雕像，并配以解说系统讲述先贤故事。

4. 优化惠台利民政策

对应"惠台31条"和"对台26条"，我们建议：对台湾先贤崇拜图书进口业务建立绿色通道，简化进口审批程序；支持鼓励两岸教育文化科研机构开展先贤文化等领域研究和成果应用；深入台商投资区、台商农民创业园，落实帮扶政策引导台商融入福建经济大循环；切实保护在闽台湾同胞的居住、投资、子女教育等权益；扩大台湾青年来大陆求学、工作创业的机会

与渠道，加大台湾高层次人才引进力度等[①]。

（二）经济层面：以通促融

1. 文化节庆市场化、品牌化

提升先贤文化的产业竞争力，一是要坚持以市场为导向。采用"政府引导、企业主导"的市场化开发模式，尊重节庆地厚重先贤文化的原生动力，引入专业化的非营利组织参与经营。二是要精心打造两岸先贤文化节事旅游品牌。搭建传统节庆和定期会展相结合的平台，集中精力做好区域性、全国性和世界级不同层次的大型活动，培育和塑造海峡两岸湄洲妈祖文化节、关帝文化节、蚶江对渡文化节、郑成功文化节等知名度高、带动性强、成长性好的先贤节庆品牌，提升先贤文化节事的知名度和美誉度。

2. 优化先贤文化发展环境

营造良好营商环境，发挥福建省对台特色优势。一是进一步优化先贤文化发展环境，打破两岸文化产业隐形壁垒，实现先贤文化的良性传播；二是加强对先贤文化的立法保护，可以在城镇规划的编写中，加入对文化遗址进行保护的具体条例规定；三是加强市场监管，通过建立起一套科学的评价体系，对文化企业的社会效益设置合理的评定标准；四是探索文化多元化投入模式，建立健全"以奖代补"、加大面向文化事业捐赠的激励力度、积极发挥财政资金的引导和示范作用、引导金融资本和其他社会资本投入等多渠道、多元化的文化投入机制。

---

① 课题组重要参与福建省社会科学规划研究项目《成果要报》，2021年第3期（总第146期）。

3. 塑造经典影视形象

正如斯图亚特·霍尔所言，"身份是一种生产，它永不完结，永远处于过程之中"。有关先贤的影视作品要彼此尊重两岸的差异性看法，逐步化解台湾"他者"矛盾，精准定位先贤身份，树立先贤身份认同，从而加强中华民族身份认同。据此我们提出，坚持"三共"方针，即"共筑精神家园""共续血脉亲缘"和"共促交流融合"，通过塑造孙中山、郑成功、施琅、李光地、妈祖、林贤等先贤人物的经典影视形象，唤起对民族精神的认同感和同根同源的民族情。

4. 加强先贤文化产业链

打造先贤文化产业，应该重视各要素互相融合、产业上下游紧密连接、提升文化产业供给质量，强化文化产业链条。一是创新先贤文化的多元化传播。"互联网+"助力文化产业新业态，利用5G、4K等先进技术，采用数字化网站、数字博物馆、"云展示"等方式；依托漫画、动画、游戏、VR技术等文化传播载体，打造"IP+先贤文化+科技+娱乐"的多方位文化产品。二是完善文化产业人才培养机制。共同创建"优秀先贤文化创新人才培养项目"，联合培养兼有独创能力和热爱先贤文化的复合型人才。三是建立先贤文化产业园。以文化产业园区为载体，加强闽台经贸合作，引导大陆和台湾优秀文化企业参与强链补链，把先贤文化产业园建设成为聚集两岸创意资源、促进两岸创意的合作平台。

5. 先贤文化助推乡村振兴

实现乡村旅游与先贤文化相向融合，用先贤文化吸引人，用乡愁记忆留住人，助推乡村振兴。在乡村规划和乡村改造中，划定先贤文化保护红线，其中包括对先贤雕塑、先贤庙宇和先贤故居等物化载体的保护，形成特色先贤文化符号。乡村先贤文化旅游力求实现旅游主题多样化、旅游服务平台化、旅游路线特色化，旅游路线的设计应该是景点景区与当地的民俗文化、饮食文化、建筑民居等相结合而获得的具有一定特色的串联线路走向，具有时空分布多样化、景点与文化相融合的特点。以郑成功文化为例，我们策划了英雄足迹、收台治台路线、信俗之路三大主题旅游线路。具体为：（1）英雄足迹：泉州崇武古城→厦门鼓浪屿→厦门中山路→漳州万松关遗址→漳州文化馆；（2）收台治台路线：厦门鼓浪屿→金门岛→澎湖列岛→台南赤崁楼→台南安平古堡（含台南小吃街）→汕头南澳岛；（3）信俗之路：台南郑成功祭祀大典→台南郑成功神像巡游活动→泉州惠安国姓神诞活动→郑成功文化节（台南、南安、厦门、漳州）→南安纪念郑成功诞辰系列活动。

（三）历史文化与教育层面：以育化融

1. 构建台湾同胞登陆的第一精神家园

习近平总书记强调，两岸要应通尽通，努力把福建建成台胞台企登陆的第一家园[①]。构建第一家园体系最关键的维度之一就是构建台湾同胞登陆的第一精神家园。将建立第一精神家园作为先发，可以辐射带动其他家园的建立，为日后台湾顺利回归打下坚实基础。台湾的顺利回归，必将带来大规模的返乡探亲寻族热潮，构建第一精神家园可以舒缓因分隔多年所产生的生疏感，有效缓解回归后的拒斥感和焦虑感。

2. 齐力留住乡愁记忆

多形式重构逐渐在民众心中不断淡化甚至消逝的先贤人物形象，齐力留

---

① 习近平. 在参加十三届全国人大二次会议福建代表团审议时重要讲话 [R].
2019-03-10.

住先贤文化记忆。一是以场所精神①为核心，抢修、保护和整治先贤故居等物质遗产本体的同时，建设先贤文化广场和乡土记忆文化馆，突出其蕴含的先贤精神以及对所属地当今文化建设的价值指引。二是以谱牒为媒介，充分利用中国闽台缘博物馆的谱牒查询对接平台等，深化两岸族谱交流，开展寻根谒祖、修谱续谱和宗亲联谊活动，增进对先贤和先祖的认知，重建乡土记忆。三是以乡土教材为载体，开发出版一系列富有特色的先贤乡土教材，如把闽南文化从泉州带到台湾、开发台湾的第一人——颜思齐，还有晚明著名的反封建专制、反思想禁锢，在东亚文化中的极具影响的泉州籍思想家——李贽等。

3. 讲好先贤故事

要讲好先贤故事，助推先贤文化走出国门。一是重东方思维方式。取先贤之"道"，重历史之"维"，用中国之"器"，构建两岸互通的叙事话语体系，向世界讲出东方圣贤故事。二是多渠道传递好故事。运用短视频、画面构图和布景推动等故事叙述方式，深入浅出地传播先贤文化。三是构建"大中华圣贤文化圈"。如妈祖文化在闽港粤和东南亚地区的马来西亚、新加坡、越南等国家拥有广泛的信众基础，自湄洲妈祖祖庙和泉州天后宫分灵的5000多所妈祖庙，应顺势而为推动妈祖文化走向世界。

4. 区域联动，化解地方文化壁垒

为化解地方文化保护壁垒，闽南厦漳泉和台湾地区应发挥自身优势，形成独特的文化资源。泉州作为幼年郑成功"习读诗书、勤练武学、培育忠

---

① 场所精神（GENIUS LOCI）是挪威著名城市建筑学家诺伯舒兹（Christian Norberg-Schulz）1979 年在《场所精神——迈向建筑现象学》一书中提出的概念。他认为，场所是一个人记忆的一种物体化和空间化。所有独立的本体，包括人与场所，都有其"守护神灵"陪伴其一生，同时也决定其特性和本质。

贞"的成长故地，故居、庙宇、宗祠等众多实体文化资源遍布其间；厦门作为青年郑成功"以商养战、通洋裕国、抗清复台"的战略基地，造就因海而生的海洋性文化；台湾作为中年郑成功"忠贞报国、驱荷收台、大兴文教"奠定台湾隆盛之基础，而被冠以"开台圣王"的神明称号的见证地，延平文化遗迹遍布全台。为此，应打破地域分隔和学科壁垒，建立"两岸先贤文化合作联盟"，共同推进先贤文化的跨界研究，出版年度研究报告、建设专门研究网站、召开研究进展年度报告会，建立咨询中心、文库中心、学术中心和人才中心，推动闽台先贤文化研究的不断发展。

5. 构建高校港澳台通识教育教学体系

开好办好高校港澳台侨学生思政课，是落实新时代高校思想政治理论课改革创新的具体举措，是铸牢港澳台学生中华民族共同体意识的主阵地。

一是课程体系科学化。面向港澳台学生设立《大学与青年发展》《中华文化概要》《当代世界与中国》《中华民族复兴简史》《"一国两制"与中国和平发展》为通识教育公共必修课。

二是教材建设立体化。鼓励有条件的高校组建专家团队编写、出版自编教材，有机融入"一国两制"与和平统一思想，社会主义核心价值观、四史教育、中西文明交流与互鉴等，适当加入先贤文化内容。打造精品教师参考用书、学生辅导读本、热点聚焦、案例选编等延伸阅读资料，以选修课、讲座、交流活动等多种方式，帮助他们了解中国国情和中国历史文化，学习和践行先贤文化，培养正确观念。依托互联网组织优秀学者和一线教师开设网络公开课，供两岸青年自主学习。

三是实践教学主题化。建立起"四海一心"实践教学模式，即探寻海峡两岸同根同源文化和共同的海洋文明，积极响应21世纪海上丝绸之路的伟大倡议，贯彻落实海峡西岸经济区战略构想，开展实践活动，以此培养两岸学子的爱国之心。同时利用先贤文化推动建立一批实践教学基地和国情教育基地，发挥好"主渠道"与"主阵地"协同育人功能。

四是教学方法多元化。一是创新教学模式。综合运用案例式、辩论式、探究式、问题式、专题式等教学方式，把历史文化、先贤文化和价值观教育有机融于课堂教学实践中。二是实施因材施教。采用体验式、互动式、情景模拟、课题调研等方法和手段，提高学生对思政课感兴趣程度。三是推行分层教学。灵活运用导师制、联合授课制、课外辅导制、小组研学、寻根谒祖、分众式、境内生帮扶制等特殊手段，推动两类学生在融合教育中共同成长。

6. 推动台湾青少年赴大陆开展文化研习

全国政协委员、华侨大学党委书记徐西鹏教授在接受课题组专访时提出："组织中国台湾学生开展文化研习，就是要发挥两岸独特的文化资源和文缘优势，让同学们更加深入了解中国的历史和传统文化，增进彼此情感融合、心灵契合"。为此，要增进两岸高校互动，积极推动两地青少年开展"中国文化之旅"等研习活动。我们专门设计了"中国文化之旅"之朝圣系列线路。

（四）社会层面：以情交融

1. 建构多元交流的共生机制

在两岸先贤崇拜的互动中，应建构多元交流的共生机制[①]。政府应转变角色，以"依法治国"的善治思维依法有效治理先贤崇拜活动，从构建中华民族共同体的高度，对民间组织健康的活动加强统筹和提供资金、场

---

① "共生"一词来源于希腊语，最早缘于生物学，由德国真菌学家德贝里（AntondeBary）在1879年提出，意指"不同种属的生物按某种物质联系共同生活"。20世纪50年代以后，共生方法开始应用于社会领域。

地、文件以及通行证等支持。要让民间组织成为先贤文化传承发展的"助推器"，要充分发挥民间组织跨国（区）性、专业性和草根性的主体性优势，增进民心相通，共推务实合作。先贤崇拜活动涉及教育、文化、文物、旅游、宗教、民政、宣传、共青团等多领域和多部门，场所遍及闽台、全国乃至全世界。建议成立多部门参与的专门委员会，加强指导、协调和合作。

2. 缓解情感隔阂

一是完善交流渠道。鼓励各高校成立台湾校友会，增进与台湾高校的合作交流，以多形式宣传吸引台湾青少年登陆求学和研习。二是推动台湾青年了解国情。鼓励他们参与大陆基层社区建设、西部扶贫追梦筑梦圆梦，参观爱国主义教育基地、博物馆和历史文化遗存，增进他们对内地发展和传统文化的认识。三是促进心灵契合。通过学术论坛、文化研习、交流座谈、走进大陆家庭等活动，打造新媒体视频交流渠道，着力推动两岸青年的心灵交流。

3. "线上+线下"同祭

2020年，新冠肺炎疫情肆虐全球，两岸间的交流互动受阻，人员流通更加困难。在保留原有传统祭拜方式基础上，我们建议适时增加"云祭拜"。云祭拜不仅可以解决祭拜时间、空间转换的难题，使台湾民众祭拜更加方便自如，身临其境感受现场隆重的祭典氛围，还可以吸引更多的民众和信徒关注并参与先贤祭祀，缅怀先贤伟业，追溯同根同源的血脉亲情纽带。

参考文献

［1］马克思恩格斯选集［M］．北京：人民出版社，1995：9.

［2］习近平．在《告台湾同胞书》发表40周年纪念会上的讲话［R］．北京，2019-01-02.

［3］费孝通. 中华民族多元一体格局［M］. 北京：中央民族大学出版社，1999：304.

［4］本尼迪克特·安德森，著. 吴叡人，译. 想象的共同体［M］. 上海：上海人民出版社，2016：38.

［5］杨明杰. 认真学习习近平总书记对台工作纲领性讲话，切实做好台湾问题研究工作［J］. 现代台湾研究，2019（1）：1-2.

［6］ZHAN FENPING, LUO WENWEI, LUO JIAYI. Exhibition Attachment: Effects on Customer Satisfaction, Complaints and Loyalty［J］. Asia Pacific Journal of Tourism Research, 2020, 25（6）:678-691.

华侨大学　工商管理学院

华侨大学　马克思主义学院

我国高校国际化人才培养路径探析

万校基[①]　张丽萍

摘　要： 在国际化日益向纵深发展的时代环境下，社会对国际化人才的需求日趋增长，作为人才培养重要基地的高校任重而道远。本文分析我国高校国际化人才培养面临的机遇与挑战，指出当前我国高校国际化人才培养工作存在理念尚需进一步树立、课程与教学国际化有待加强、师资队伍国际化程度亟待提高、培养途径较为单一、设施与制度保障不足等五个方面的问题，进一步提出高校要树立先进理念、加强课程与教学国际化、力促师资队伍国际化、拓宽人才培养途径、完善设施和制度保障等五个提升路径，为进一步提升我国高校国际化人才培养水平提供参考。

关键词： 高校；国际化人才培养；路径

---

①　万校基（1984—　），男，江西省南昌市人。华侨大学工商管理学院讲师，硕士生导师，主要从事战略管理研究。

一、引言

在当今世界多极化和国际化日渐向纵深发展的时代背景下，不同国家之间在社会、经济和文化等领域的交流和联系愈加紧密，各国高校间的交流与合作亦越来越频繁，国际化已成为当前世界高等教育的重要发展趋势。我国社会对国际化人才的需求亦随之日益增长，培养国际化人才已成为当前我国高等教育发展的迫切需求。作为国际化人才培养的主要阵地，我国高校如何更好地适应"国际化"的时代新趋势，加快国际化人才培养步伐，提升国际化人才培养质量，是我国高校共同面临的一个重要课题。

二、我国高校国际化人才培养面临的机遇与挑战

改革开放以来，我国高等教育国际化开启了黄金时代[1]。1983年9月，邓小平同志提出教育要"面向现代化、面向世界、面向未来"的教育思想，为我国人才培养工作指明了努力方向。在该教育思想的指引下，我国高校开始立足现实，面向世界，真正开始了人才培养国际化的步伐。2010年7月29日，国家教育部颁发《国家中长期教育改革和发展规划纲要（2010-2020）》，纲要提出要培养大批具有国际视野、通晓国际规则、能够参与国际事务和国际竞争的国际化人才，高校培养国际化人才已成为高校服务于国家经济社会对外开放、提升国家教育的国际影响力与竞争力的基本要求与重要手段[2]。2015年10月24日，国务院印发《统筹推进世界一流大学和一流学科建设总体方案》，明确提出要推进国际交流合作。加强与世界一流大学和学术机构的实质性合作，加强国际协同创新，切实提高我国高等教育的国际竞争力和话语权[3]。2016年7月13日，教育部发布《关于印发〈推进共建"一带一路"教育行动〉的通知》，明确提出需要培养大批具有较强专业知

识、较高企业管理水平和通晓外语以及当地制度的国际化人才，以更好地推动"一带一路"建设[4]。

2018年9月10日，习近平总书记在全国教育大会上提出，中国要扩大教育开放，要加强学术交流与科研合作、创新联合办学体制机制、完善国际学生培养体系，要成为世界高等教育改革的参与者、推动者和引领者[5]。2021年4月19日，习近平总书记考察清华大学时强调要坚持开放合作。加强国际交流合作，主动搭建中外教育文化友好交往的合作平台[6]，习总书记的讲话再次为我国高校国际化人才培养工作提出了具体要求与努力目标。

在党和中央的政策支持下，我国高校紧紧围绕高等教育发展规律与国家战略需求，着力加强国际化人才培养工作。在此"双一流"建设和"一带一路"建设的战略环境下，我国高校国际化人才培养工作面临着巨大的机遇与挑战。一方面，由于国家"双一流"建设规划和"一带一路"发展战略的大力推进，各国的交流沟通与互动合作更加密切务实，国际化人才的需求量显著增大。国家和政府层面必然会更加重视高校国际化人才培养工作，为实现长远发展注重顶层设计，加大对高校国际化人才培养的支持力度，制定出台更多的专门配套政策、提供更加充足的专项教育经费，高校也将进一步抢抓人才培养机遇，切实开展国际化人才培养改革，科学调整人才培养目标，加强课程教学建设，提升国际化人才培养与经济社会发展的适切性，更好地适应新形势的发展需要，提升高校服务国家战略发展的能力[7]。另一方面，"双一流"建设和"一带一路"倡议的实施也给高校的国际化人才培养带来巨大挑战。首先，高校原有的国际化人才培养模式已无法完全适应新形势的需要，高校亟须突破旧有惯性，树立新的人才培养理念与目标，重新调整人才培养模式，改革国际化人才培养评价体系，加强体制机制建设与条件设施保障，进一步紧密与国外大学、科研机构的全面合作，在全校上下形成合力，共同面对新形势的挑战，并将挑战转化为学校的发展新机遇，提升高校国际化人才培养水平，提升高校服务国家战略与社会发展的能力。

三、我国高校国际化人才培养存在的主要问题

随着我国对外开放政策的进一步深入，加强国际化人才培养的任务变得更加重要与紧迫，许多高校更是将其作为学校办学的重要目标之一，在制订学校人才培养规划时，许多高校都将国际化人才培养作为学校教育教学改革的一个重要内容，并将其纳入办学指标体系。在国家政策的积极推动和教育各界的共同努力下，我国高校国际化人才培养工作取得显著成效，国际化人才培养水平不断提高，国际化人才培养质量稳步上升。然而，按照国家教育事业发展的战略要求与经济社会的发展需求，我国高校国际化人才培养工作仍存在较多问题，主要体现在如下几方面。

（一）国际化人才培养的理念尚需进一步树立

人才培养理念是高校人才培养工作的指导思想，直接影响高校人才培养的努力方向和培养质量。随着高等教育国际化的全面深化，高校加强国际化人才培养的需求日益迫切，在此新形势下，树立正确、先进的国际化人才培养理念，对于我国高校国际化人才培养工作极为重要。然而，许多高校仍只把国际化人才培养理念停留在文件或口号上，并没有切实将其纳入学校日常的人才培养活动中。有些高校受制于办学水平等各方面的影响，在国际化人才培养的理念和实践中存在较大的滞后性，有些高校的领导层虽对国际化人才培养有较深刻认识，但未将该理念真正传达到基层学院领导和师生，未将理念融入学校的管理规章制度与教育教学规范，没有真正让全校上下达成共识，先进的国际化人才培养理念没有体现于学校的人才培养过程之中。

（二）课程与教学国际化程度有待加强

高校要提升国际化人才培养水平，必须要在课程与教学方面体现国际化。国际化的课程设置和教学有利于培养学生的全球意识，拓宽学生的国际视野，增强跨文化交流能力，有利于培养学生将来在国际化环境中学习工作的能力。然而，许多高校在课程设置和教学中并未真正体现国际化，虽然许多高校也重视开展专业国际认证工作、增设外语课程、开设外语或双语专业课程、改革教学方法等，但大部分高校拥有的通过国际认证的专业数量偏少，开设的外语或双语专业课程不多，增设的外语课程也主要以英语等语言类课程为主，教学活动中大多采用以教师为主体的传统教学方法，而缺乏采用可激发学生主动探究和解决问题的教学方式方法，离真正的课程与教学国际化相差甚远，大大制约了学校实现国际化人才培养目标。

（三）师资队伍国际化程度亟待提高

教师队伍国际化是高校培养国际化人才的重要先决条件。我国高校当前仍存在师资队伍国际化程度较低的问题，主要体现在如下两个方面：1. 国际教师数量偏少，仅有的国际教师也主要以语言类教师为主。国际教师比例是衡量一个高校教师国际化程度的重要指标之一，拥有较高比例的国际教师不仅能扩大一所高校的国际视野，还能带来先进的国际化理念和方法，对高校国际化人才培养起着不可替代的作用。许多国内外权威的大学排名，比如英国泰晤士高等教育世界大学排名、QS世界大学排名等都将国际教师比例纳入大学国际化评估指标体系之中。2. 国内高校教师中获海外学位或有境外学习研究经历人数比例不高，在国外高校或科研机构学习、进修或开展学术交流，有利于教师形成先进教育理念，学习借鉴国外较好的教育教学方法与手段，提高教学科研水平，最终实现高校教师队伍国际化。总体而言，与国外知名大学相比，我国高校教师中国际教师、获国外学位或有国外学习科研经历的教师人数占比不高，师资队伍国际化程度无法很好地满足高校国际化人才培养的需要。

（四）国际化人才培养途径仍需拓宽

拥有多样化的国际化人才培养途径对于高校实现国际化人才培养目标至关重要。我国大多数高校都在主动适应高等教育国际化的要求，在办学定位中突出国际化目标，但在实际的人才培养过程中仍存在培养途径单一陈旧的问题。首先，目前我国大部分高校学生参与国际学习交流的机会太少，虽然许多学校鼓励学生赴国外大学和机构学习交流，尽量为学生提供更多出国交流的机会，但与国外知名大学相比而言，我国大部分高校的学生能获得的出国学习交流机会较少，每年学校外派出国学习的学生数量占学校总人数比例偏低。其次，生源结构国际化亦是体现高校国际化人才培养工作的重要衡量指标之一[8]。我国大部分高校的外国留学生占所有学生总数比率偏低，学历层次方面大都以本科教育为主、研究生教育为辅，且这些学生所学专业亦主要以语言类专业为主，较少分布在其他学科领域，相较其他国际知名大学，我国高校在此方面尚有较大差距，高校应充分认识到其中的不足，既要从"走出去"的视角，亦要从"引进来"的角度，来进一步拓展多元化人才培养渠道，促进高校与国外大学和机构的深入交流与合作。

（五）国际化人才培养的保障不足

良好的保障是高校实现国际化人才培养目标的重要基础，其中包括条件设施保障、制度保障等。但当前我国大部分高校在此方面均显示出不同程度的问题。主要体现为：1. 条件设施保障不足。比如，外文网站建设情况不理想，没有真正起到展示办学实力、扩大国际学术影响的重要窗口作用，无法让国外学者和学生通过该重要信息平台充分了解学校，不利于宣传学校提升境外招生水平；学校普遍缺乏外文选课系统，给中文水平不高的多数留学生的学习带来诸多不便；外文图书信息资料和数据库数量有限，无法完全满足国际化人才培养的需要，给在校学生的学习研究带来不便，无法满足在校生了解国际前沿信息和最新科研动态等需求。2. 制度保障有待进一步完善。比如，许多高校的国际化人才培养制度不够完善，尚未建立以"教师为主导、学生为主体、学院为平台"的国际交流运行机制，没有充分发挥二级学院的积极主动性，为师生出国学习交流提供好的鼓励措施与激励机制。缺乏科学合理的国际化人才培养评价体系，在现行评价体系中存在评价标准片面化、评价方式单一化等弊端，影响了学生知识、能力、素质结构的良性发展，制约了学生综合素质的形成和培养，不利于学生国际竞争力的提升。

四、我国高校国际化人才培养工作的主要提升路径

国际化人才培养是一项综合、全面、长期、系统的工作，我国高校要提升国际化人才培养水平，必须在尊重高等教育发展趋势与人才培养规律的前提下，充分结合我国发展战略需求和学校实际情况，认真借鉴国外先进经验和做法，从人才培养理念、课程与教学改革、师资队伍建设等方面入手，采取相应的对策和措施，进一步提升学校国际化人才培养水平。

（一）树立先进的国际化人才培养理念

理念是实践的先导。高校要提升国际化人才培养水平，首先必须树立先进的国际化人才培养理念，从思想上充分认识其重要性，以前瞻性、国际化的大视野和全局观，从学校顶层设计上明确人才培养理念，结合学校实际情况，将国际化人才培养理念纳入学校发展战略规划与人才培养目标，通过明

确国际化人才培养的目标和内容，细化人才培养的标准与要求，将培养具有全球意识、国际视野和国际竞争力的高素质国际化人才这一要求切实贯彻于学校人才培养过程，全面落实在日常教育教学工作中。人才培养是一项长期、系统、综合的教育实践工程，高校不能仅仅将国际化人才培养目标停留在制度和理论层面，应当通过各种途径将该理念传达到每一位师生员工，在全校范围内形成共识，以积极开放的心态，以协同合作的方式，将先进的国际化人才培养理念落实在学校教育教学实践中，全面提升学校国际化人才培养质量。

（二）力促课程与教学国际化

课程与教学是高校教育的核心，是高校开展国际化人才培养的重要载体与基本形式。深化课程与教学改革、促进课程与教学国际化是我国高校实施国际化人才培养工作的重要条件和必然途径。一方面，高校应该积极构建科学合理的国际化课程与教学体系，重视在课程体系中增设综合性课程和跨学科课程，增加国际化课程内容与先进教学手段，开设更多关于国际社会、文化、语言等方面的通识教育课程，进一步提升学生的国际化意识，开拓学生的国际视野，增进国际理解，提升国际交流能力、注重培养学生的国际合作能力和多元文化环境适应能力[9]。另一方面，高校应该重视开展专业的国际认证工作，增加学校通过国际认证的专业数量；积极加强全英文专业建设，增设全英文专业课程；注重通过组织师资进修培训来提升教师全英文教学能力，鼓励具备能力的教师积极开展全英文教学，逐步实行全英文教学教师资格选拔与认证；充分借鉴国外知名高校的先进教学理念和教学方法，制定科学、合理的教育教学评价指标体系，持续开展教育教学改革，创新教学方法，激发学生学习主动性与创新活力，培养学生解决问题的能力，全面推动高校课程与教学国际化，为学校实现国际化人才培养目标夯实基础。

（三）提高师资队伍国际化程度

教师队伍在高校人才培养过程中起着举足轻重的作用。我国高校要提升国际化人才培养水平，应该注重加强师资队伍国际化建设，让师资队伍与国际接轨。针对当前我国高校存在的国际教师数量偏少、获海外学位或有境外学习研究经历的教师比例不高等问题，高校应该采用"引进来"与"走出去"相结合的战略。一方面可以用良好的待遇和平台来吸引更多的国外专家学者或优秀海归博士来校长期任教，优化教师队伍结构；或是采取多种形式邀请国外知名专家学者来校短期讲学交流，为师生提供更多了解国际前沿学术动态、接触新思想和新观念的机会。另一方面，高校应充分利用各类国际合作项目、校际合作等平台，为教师提供更多出国交流学习机会，有计划、有重点地将学科带头人、专业负责人、骨干教师等分批次派往国外知名高校或机构进行访学、进修或长短期交流[10]，充实教师的国外经历和多元文化学习背景，提高教师国际化专业素质和国际竞争力，更新教师教育理念与教学方式，提升教师教学水平与科研能力，打造多元的国际化师资队伍，进而提升学校国际化人才培养水平。

（四）拓宽国际化人才培养途径

针对我国高校目前存在国际化人才培养途径较为单一的问题，可从以下几方面入手。

首先，学校应当努力拓展与国外大学和机构的交流合作，通过校际项目合作、联合学位培养、学生交换学习、进修文化体验课程等多种形式为学生提供更多出国交流机会。学校还应充分激发二级学院和一线教师的积极性，鼓励学院自主对接更多国外机构达成合作意向，鼓励有国外学习经历或合作资源的教师为学校、学院和国外机构牵线搭桥，建立更多国际交流合作关系，尽可能为学生提供出境交流机会。比如，作为中国大陆仅有的两所本科侨校之一的华侨大学，近年来坚持以国际化办学为中心，主动整合优质国际教育资源，积极搭建高端国际合作平台，对接名校国际交流项目，全力打造"中美121双学位""ACCA/CFA国际职业资格认证""中英3+1本硕连读""泛华订单式人才培养"等颇具特色的人才培养平台，大大拓宽了学校国际化人才培养途径。

其次，高校应致力于提升生源结构国际化，通过加大海外宣传力度、开拓海外招生市场、设置留学生奖学金、提供多样化专业选择等方式吸引更多优秀外国留学生来校学习，提高国际学生占学生总数比率，促进生源结构国际化。同时，还应扩大学校学历型留学生规模，提升学历型留学生的学历层次，改变我国高校学历型留学生比例较低、学历型留学生中学历层次偏低的状况[11]。最后，我国高校还应建立与国际接轨的学历学位体系，推动与国外合作大学和机构之间的学历互认、学分互换机制，提高国内学历学位学分在国外合作大学和机构的认可度。

（五）完善国际化人才培养保障

良好的条件设施保障与健全的制度保障是高校国际化人才培养过程中必不可少的条件。一方面，高校应着力加强条件设施保障建设。比如，外文网站是高校展示国际化软实力的一个重要窗口，高校应积极加强外文网站建设，通过外文网站这个重要平台让国外学者和学生更好地了解学校实力与办学特色，提升学校在海外招生宣传成效，扩大学校的国际影响力；高校还应注重建设外文选课系统，为外国留学生的学习带来便利；加强外文图书资料和数据库建设，以更好地满足在校师生了解国际学术前沿动态和最新学习资讯等需求。另一方面，学校应进一步完善制度保障，比如，建立健全国际化人才培养机制体制，通过完善的规章制度来激发二级学院推动国际化人才培养的主动性，保障广大师生的权利，鼓励师生积极参加国际交流活动；建立科学可行、综合全面的国际化人才培养评价体系，鼓励教师在教育教学活动中注重学生综合素质与国际竞争力的培养，促进学生综合素质和国际交流合作能力的提升与发展；进一步完善国际化人才培养相关配套机制，如制定以培养学生国际化素质和能力为目标的相关制度，制定以弹性学制为基础的教学管理文件等，通过常态化的相关制度来为学校培养高素质国际化人才保驾护航。

五、结语

在当今世界多极化、国际交流纵深化的时代潮流中，国际交流互动愈加频繁，国家间的合作竞争越来越常态化，高等教育国际化已成为一种必然趋势和时代要求[12]。我国高校国际化人才培养工作面临着前所未有的机遇和挑战，尤其是在当前国家创新驱动发展阶段，培养国际化人才已成为我国高校的一种时代责任与使命，同时亦是我国高校实现创新发展的重要驱动力量。面对种种机遇和挑战，我国高校必须把国际化人才培养工作作为学校办学的重要任务之一，全面把握时代特征和人才培养规律，树立正确先进的人才培养理念，主动创造良好的国际化人才培养环境，采用科学有效的国际化人才培养手段，优化师资队伍结构和完善体制机制保障，立足国家经济社会发展实际，全面加强与世界各国高等教育机构的深度交流合作，通过全过程、多方位、系统化、多元化的育人活动，实现国际化人才培养战略目标，持续推动我国国际化人才培养事业，培养大批具有国际竞争力的优秀国际化人才，为国家发展、为社会进步、为民族振兴提供强有力的人才支撑。

📚 **参考文献**

［1］徐小洲. 我国高等教育对外开放的成就、机遇与战略构想［J］. 高等教育研究，2019，40（5）：1-9.

［2］《国家中长期教育改革和发展规划纲要（2010—2020年）》［EB/OL］. http://www.moe.gov.cn/srcsite/A01/s7048/201007/t20100729_171904.html.

［3］国务院关于印发统筹推进世界一流大学和一流学科建设总体方案的通知［EB/OL］. http://www.gov.cn/zhengce/content/2015-11-05/content_10269.htm，2015-11-05.

［4］教育部关于印发《推进共建"一带一路"教育行动》的通知（教外〔2016〕46号）［EB/OL］.http://www.gov.cn/gongbao/content/2017/content_5181096.htm.

［5］习近平出席全国教育大会并发表重要讲话［EB/OL］. http://www.gov.cn/xinwen/2018-09/10/content_5320835.htm.

［6］习近平在清华大学考察：坚持中国特色世界一流大学建设目标方向 为服务国家富强民族复兴人民幸福贡献力量［EB/OL］. http://www.gov.cn/xinwen/2021-04/19/content_5600661.htm.

［7］姜锋. 培养具有全球视野和世界眼光的高层次国际化人才［J］. 中国高等教育，2020（21）：26-28.

［8］张丽萍. 历史视域下我国高等教育国际化对策研究［J］. 继续教育研究，2021（1）：146-150.

［9］李森，潘雯. "一带一路"背景下高校国际化人才培养思路［J］. 中国高校科技，2018（6）：53-55.

［10］张丽萍，万校基. 高校高层次人才队伍建设问题与对策［J］. 继续教育研究，2021（3）：96-100.

［11］杨大伟，高磊. 新时期高校发展来华留学研究生教育的困境与举措［J］. 学位与研究生教育，2021（7）：65-70.

［12］李军，段世飞，胡科. 高等教育国际化的阶段特征与挑战［J］. 高教发展与评估，2020，36（1）：81-91+116.

华侨大学　　工商管理学院

华侨大学　　发展规划处

大学生创新创业训练计划的实践与讨论[①]

谭 笑 冯涵璐 白中河 陈晓茹 毛源康 郑双杰[②]

摘 要： 大学生创新创业训练计划项目旨在促进高等学校转变教育思想观念，强化创新创业能力训练，增强高校学生的创新能力和在创新基础上的创业能力。本文介绍2020—2021学年度华侨大学大学生创新创业项目的组织方案，以土木工程学院、建筑学院某联合申报团队为例，阐述了大学生参加该训练计划的实践过程与经验，并进一步探讨该项目的教育教学改革意义与作用。

关键词： 创新实践；创业训练；学科建设；教学改革；人才培养

为深入落实《国务院办公厅关于深化高等学校创新创业教育改革的实施意见》等文件的精神和要求，进一步深化高校创新创业教育改革，将创新创业教育有机融入学科建设、人才培养与课程改革的全过程，华侨大学根据教

---

① 基金项目：福建省大学生创新创业训练计划"BIM在新农村规划建设中的应用"（s202010385048）。

② 通讯作者：郑双杰（1985— ），男，福建厦门人。副教授，博士，主要从事土木工程专业的教学与科研。

育部、教育厅相关工作通知安排，于2020年5月份启动了2020年创新创业训练计划项目的申报和推荐工作。该项目通过在校学生自主申报创新创业训练计划，激发大学生的创造热情，培养大学生实践能力，有助于促进高等学校转变教育思想观念，强化创新创业能力训练，增强高校学生的创新和创业能力，为其今后顺利走上技术和管理岗位奠定良好的实践基础[1-3]。

本文简要介绍了2020-2021学年度华侨大学大学生创新创业项目的组织方案。进一步以土木工程学院某申报团队为例，阐述了大学生参加该训练计划的实践过程与经验。最后探讨了该训练计划项目的教育教学改革意义和作用，以期为校内师生参加下一轮项目申报提供改进的思路，为其他院校举办类似的实践性教学改革活动提供借鉴和参考。

一、训练计划组织方案

（一）申报要求

为配合我校2020年大学生创新创业训练计划的申报和推荐工作，土木工程学院于2020年5月23日开展2020年度创新创业训练计划立项初审工作。其目的是营造学院学术氛围，提高我院本科生学术研究参与度，增强学生实践操作能力，激发学生的自主性和创造性，提高学生"双创"意识及能力；同时也是为了帮助学生更理智的考虑个人发展之路，进一步提高土木工程学院本科生的就业竞争力与升学率。

本届大学生创新创业训练计划的申报级别分为国家级和省级，有利于不同层次的学生组队申报，既增大覆盖面，又注重提升水平。该计划包括创新训练项目、创业训练项目和创业实践项目三类，由理论创新逐步向应用实践推进，体现了该计划的周密考虑。具体分述如下。

1. 创新训练项目

本科生个人或团队申报，在导师指导下自主完成创新性研究项目设计、研究条件准备和实施、研究报告撰写、成果汇报或学术交流等工作。

2. 创业训练项目

本科生团队申报，在导师指导下，团队中每个学生在项目实施过程中扮演一个或多个具体的角色，开展编制商业计划书、开展可行性研究、模拟企业运行、参加企业实践、撰写创业报告等工作。

3. 创业实践项目

学生团队申报，在学校与企业导师共同指导下，采用前期创新训练项目或创新性实验的成果，提出一项具有市场前景的创新性产品或者服务，以此为基础开展创业实践活动。

申报对象：除毕业班学生及已获得项目资助且未结题者不得参与立项申请外，凡对科研有较浓厚的兴趣、学有余力的本校普通全日制本科生均可参与。

报名要求：

1. 每一小组组成人数上限五人，同校级文件项目申报要求。

2. 鼓励跨院组队，但项目负责人或队长须为土木工程学院本科生；指导老师需保证至少一位土木工程学院教师参与。

3. 各组需依据项目实际情况确定填写的申请书种类。创新创业训练计划各类别申报互不交叉，即申报创新训练计划的项目不可同时申报其他两类，以此类推。

4. 填写申请书时，引用材料需注明出处。申报作品如发现有抄袭、盗用等不法手段或不符合规定及违反他人著作权的，即予取消其申报资格。

5. 承诺项目成功申报后，在一年内开展工作取得成果，并接受中期检查与结题验收。

（二）宣传推广

为尽可能鼓励和组织在校大学生报名参与本次"创新创业训练计划"，组委会采取多样的宣传方式及策略。由于受新冠肺炎疫情影响无法进行一系列线下讲座及传单发放，土木工程学院通过学院公众号"华小木"、群发办公邮件、QQ班群通知、微信群通知及学校网站公告等方式大力宣传和推广该项目。其中群发办公邮件、微信群通知及学校网站公告等方式，对于相关学院的专业教师、辅导员、学工教师、班主任等可起到较好的提醒作用，而通过学院公众号及QQ班群通知可以让在校大学生及时获取比赛信息并组织队伍参赛。

（三）组织形式

在校大学生报名参加"大学生创新创业训练计划"后，需自行寻找合作伙伴及指导老师，组建项目团队，每一小组的组成人数上限为五人，并推选其中一名学生作为队长，负责申报过程中的沟通联系与组织协调等工作。"大学生创新创业训练计划"为校级项目，各学院均鼓励在校大学生跨院组队。于土木工程学院而言，报名的项目负责人（队长）须为土木工程学院本科生，指导老师需保证至少一位土木工程学院教师参与。

各队伍组建完成后需依据项目实际情况填写相应的申请书种类。创新创业训练计划各类别申报互不交叉，即申报创新训练计划的项目不可同时申报其他两类，以此类推。填写申请书时，引用材料需注明出处。申报作品如发现有抄袭、盗用等不法手段或不符合规定及违反他人著作权的，即予取消其申报资格。

该项目的组织形式，特别重视发挥在校大学生的自主性与创造性，在整个申报过程中始终坚持以学生自由选题为主，教师指点引导为辅。这不但可以锻炼大学生的发散思维、创造发明和沟通协调能力，还可以有效地提高师生课堂外的互动交流，增强师生间合作共进的战友情谊，帮助大学生利用所学专业知识进行项目管理和团队运作的预演，有助于营造大学校园"以学生为中心"的创新创业氛围与环境。

（四）评选方法

经过学院慎重考虑后，本届"大学生创新创业训练计划"以初筛和线上立项答辩两个流程向学校推荐学院队伍。

1. 项目申请书初筛：在2020年6月16日各小组提交电子版项目申请书后，由评审组集中对申请书进行审阅评定，并以评分统计结果推荐12份以内的优秀项目组进入立项答辩环节。

2. 线上立项答辩会：邀请学院各研究方向的专业老师组成评审组。各小组配合演示文档介绍项目情况后接受评审组老师提问。最终由评审组根据项目的计划周密程度、实现可能性及应用价值高低进行排序。

立项答辩会设一等奖、二等奖、三等奖三个奖项。答辩结束后，学院将按照答辩成绩向学校报送优先推荐的国家级及省级立项队伍，且所有参赛队伍将按照成绩排名评选出学院一、二、三等奖并颁发奖状证书。值得注意的是，未进入立项答辩环节的项目仍可按照相应排序向校方报送材料。这说明学院的推荐意见不具有排他性，为申报团队争取项目获评提供了开放的机会。

二、实施过程

以华侨大学土木工程学院某申报团队为例，说明本科生组建团队、解读计划、确定选题、项目实施、进展报告的具体过程，以及高校师生在参加创新创业训练计划中的心得与体会。

（一）组建团队

通过学院科创部消息、QQ班群与微信群等途径，团队成员获知本届创新创业训练计划的消息，由队长发起并召集志同道合的另外四名在校生组建项目申报团队。组队后，学生需要邀请一名专业教师参与指导，一般倾向于从专业课程或学生竞赛指导老师中选择合适的人选。这个过程，需要本科生打破与教师、同学间的隔阂，主动出击，积极联络。

（二）解读计划

项目申报伊始，由队长召集队员，并邀请指导老师参会，共同解读申报计划的方向和趋势。大学生创新创业训练计划（以下简称"大创"）是教育部实施"高校本科教学质量与教学改革工程"中的重要组成部分，为促进高等学校转变教育观念，改革人才培养模式，培养适应创新型国家建设需要的高水平创新创业人才。

团队讨论的结论是：一要大胆创新，尝试土木工程的新方法、新技术和新应用；二要谨慎评估，客观估计团队基础，申报的课题既要高于课堂知识，又不能好高骛远、拔苗助长，目标是"跳一跳能够得着"；三是指南中突出了项目对建设"美丽乡村"的作用。

（三）确定选题

经过仔细研读申报指南，该团队确定选题为BIM在新农村建设规划中的作用，主要基于以下几个方面的考虑。

1. 建设规划方面

社区规划，缺少统筹：在农村社区建设中没有统一合理、因地制宜的规划设计，导致交通物流不便，生活配套设施少等问题。

房间布局，空间浪费：新农村住宅建设多采用小洋房，联排别墅设计。忽略了当地居民的使用习惯，造成了不必要的空间浪费。

2. 建筑景观方面

千村一面，景观单一：现今新农村规划普遍存在和城市居住区一样的机械式规划，导致千村一面的现实问题，重复的行列式规划失去了传统农村独特的魅力。

历史风貌，亟待保护：当前各地对传统村落保护重视不够，没有结合当地历史文化背景，合理保护，改建房屋，规划布局。

3. 结构安全方面

自建房屋，质量问题：农民自建房屋往往没有图纸，梁、板、柱配筋随意，甚至为了节省资金取消构造柱。房屋存在较多安全隐患，后续维护难度大、成本高。

盲目改造，安全隐患：为了扩大使用面积，许多屋主盲目扩建，在原有房屋基础上直接加盖楼层。这导致房屋建筑承受的荷载增加，存在巨大的防灾减灾安全隐患。

（四）项目实施

1. 农村实例调研

项目成员选取厦门地区集美大社为案例进行实地调研。调研结果显示，大部分古厝缺乏修缮与保护，已经成为危房，面临被拆除的风险，但仍有居民居住在危房之中。部分居民在拆除古厝改建新楼时会保留部分古厝，因此呈现出小而不完整的古厝建筑出现在新楼之中的情况，整体呈现出十分错乱的感觉。而其中大量的古厝、洋楼已经被拆除。许多有名有姓的洋楼已经被重建为新式建筑，完全没有继承原先建筑的特征。

2. 利用 BIM 技术新建模型

在调研结束后，项目成员利用CAD、REVIT等软件进行建模设计。在了解当地居民的生活习性与偏好之后，针对厦门当地的气候条件等进行设计。在反复核对检验CAD的设计底图之后，利用建模软件REVIT将模型可视化，更加直观地体现出建成之后的房屋外貌，并利用渲染软件LUMION展示更加真实的模型建筑。

3. 结构安全检测

建模完成后，在指导老师的帮助下，购置智能型混凝土回弹仪，对建筑物的材料性能进行初步的检测，得到了混凝土弹性模量和抗压强度等基础数据；并利用Mathcad工程计算软件，对调研建筑物的钢筋混凝土梁等主要构件进行受力验算，所形成的计算文档管理方便，可重复计算，易于数据交换及整合。

4. 乡村整体重新规划

对局部建筑进行重新模拟之后，该项目团队对大社内部的人流和流向进行了重新规划，使规划后的交通流向具有更好的秩序性，小巷人流流向主路，再从主路流向大社外部，方便了大社内部道路管理和景观营造。图1为项目实施过程中的作品实例。

（a）乡村规划效果图

（b）乡村社区一隅

（c）改造后的公益书屋

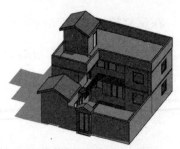
（d）改造后的民用住宅

（e）改造后的社区活动中心

（f）改造后的休闲室

图1 项目实施过程中的作品

（五）进展报告

"大创"项目的进展报告分为中期检查和结题验收两个阶段。

华侨大学将年末举办的"挑战杯"比赛作为创新创业项目队伍的中期

检查，其全称为"挑战杯"全国大学生系列科技学术竞赛，是由共青团中央、中国科协、教育部和全国学联、地方省级人民政府共同主办，由各高校承办的全国性的大学生课外学术科技创业类竞赛。各个队伍整理阶段性项目成果，参加"挑战杯"选拔比赛，有利于及时总结经验，加快学生竞赛和课题的流转速度，打通不同科创活动间的壁垒，帮助学生做到举一反三、融会贯通。

1. 作品要求

"挑战杯"申报参赛的作品分为自然科学类学术论文、哲学社会科学类社会调查报告和学术论文、科技发明制作等三大类。华侨大学根据专业设置情况，分设信息技术（含数理）、机械与控制、材料化工（含生命科学）、土木建筑、经济管理、哲社法律六大类。参赛作品必须从实际出发，侧重解决社会生产、生活中的具体问题。

2. 汇报流程

2020年华侨大学土木工程学院挑战杯选拔赛于12月1日举办。在选拔赛开始之前，各参赛队伍需提交申报书，并按要求制作参赛作品的KT展板，选拔赛采取现场汇报的形式开展，在汇报之前，各队通过抽签确定汇报顺序。比赛共有三个环节，先由各个队伍中一名队员配合演示文稿对参赛项目进行五分钟以内的介绍汇报，汇报结束后进入答辩环节，由五名评审老师对作品进行提问，各队伍1—2名队员可针对提问做出解答。最后各评审老师根据参赛作品的创造性、实用性、学术水平、经济和社会效益等方面因素进行综合评判并打分。最终，将由学院根据总分排名推送八个作品进入校级"挑战杯"选拔赛。

结题验收环节的流程与要求可参照中期检查，本期"大创"项目的结题要求较为灵活，由各项目团队在申报课题时自主决定预期目标和成果形式，包括文献资料综述、调查报告、研究论文、软件、设计、硬件研制、获得专利、心得体会等。这打破了传统的结题方式看重论文和专利的单一评价方式，有助于发挥大学生的创造力，丰富学生科创成果的多样性。

三、项目的作用与意义

（一）促进高校转变观念，改革人才培养模式

目前高等学校教育普遍存在重理论、轻实践的弊端，在教学中往往只是简单重复书本知识，忽视对学生应用知识、理论联系实际的训练。即使目前很多高校相应开设了学生实践课程，但其中许多实训课程与理论课程缺乏有效联系，对教学计划没有进行科学合理的整合与规划，课程形式浮于表面，导致实践教学质量不高，并未达到锻炼学生实践能力的目标。

大学生创新创业训练项目能很好地促进高等学校改变传统教育思想观念，通过大力支持创新创业训练项目鼓励学生积极投身于科研、创业实践项目中，为培养出理论与实践并重的人才奠定基础。

（二）提升学生创新能力，探索创业实践路径

大学学习受教育目标、课时安排及硬件设施等条件影响，课堂学习以系统性、理论性知识讲解为主，缺乏一定的实操性，对科研创新能力和自主创业能力的训练不足。现今社会所需要的人才多是专业性技术型人才，许多大学生毕业后需要重新学习与工作相关的专业知识。同时，仅有少部分大学生具有创新发展的远见、团队合作的经验与创业实践的勇气，这极大限制了大学生就业、择业和创业的途径与可能性。大学生创新创业训练项目正好可以锻炼学生将所学的知识应用到实际中去，增强高校学生的创新能力和在创新

基础上的创业能力。

（三）掌握合理的科研方法，开拓学生学术视野

在项目实施过程中，学生在老师的帮助下，自主选择课题，并独立查阅文献、资料，思考如何运用到项目实验中。这不仅增强了学生独立解决问题的能力，也可以帮助他们形式正确的科研思路。例如本项目中学生需要自学多种建模软件，REVIT、SU等，查阅资料了解BIM技术在国内外的发展情况与应用现状等。在此过程中，高校学生不仅提高了专业素养，而且提升了就业的实用能力。

为了达成项目的预期目标，学生需要与指导老师沟通交流，接触很多相关课题的前沿知识，更多地了解较为合理的科研方法。项目小组成员往往来自不同专业，例如土木工程专业的成员负责建模、力学计算，城乡规划专业的同学负责规划设计等。"隔行如隔山"，许多看似简单的任务，往往凝结着各专业方向的多年积累和训练，是短期内无法逾越的专业鸿沟。不同专业的学生通过头脑风暴碰撞出智慧的火花，接触到了其他专业的学习内容，极大开拓了学术视野。

（四）增强团队协作意识，构建未来合作远景

大学生创新创业训练项目涉及建模、力学计算、整体规划、美工渲染等不同工作，小组成员也组合了土木工程和城乡规划等不同专业的学生来共同完成。为了完成项目目标，小组成员互相配合，利用课下、周末、寒暑假的时间完成项目，遇到困难共同克服，成员之间有不同意见一起协商解决，建立了战友一般深厚的友谊。在项目从申报、选题、执行到汇报的各个过程中，学生团队的协作能力得到了锻炼，合作意识大大增强，这对高校学生未来进入社会，参加职场工作，或是自主创业都是极大的助益。可以预期，

"大创"项目的顺利实施为高校学生构建了未来合作发展、共谋大业的美好远景。

参考文献

［1］王志强. 大学生创新训练项目在素质培养方面的思考［J］. 黑龙江教育（理论与实践），2020（5）：41-42.

［2］韩光. 基于大学生创新创业项目为导向的地方高校实践教学体系研究［J］. 课程教育研究，2018（48）：10-11.

［3］刘慧. 大学生创新创业项目对本科毕业论文写作的促进意义［J］. 时代教育，2017（23）：57.

华侨大学　土木工程学院

华侨大学　建筑学院